WERTHER.

WERTHER,

TRADUIT

DE L'ALLEMAND DE GOËTHE,

EN FRANÇAIS ET EN ESPAGNOL.

Gustavi paululùm mellis, et ecce morior. SAMUEL, *liv.* 1, *v.* 43.

TOME SECOND.

DE L'IMPRIMERIE DE GUILLEMINET.

A PARIS,

Chez F. LOUIS, rue de Savoie, n.° 12.

M. DCCCIII.

WERTHER.

WERTHER.

SECONDE PARTIE.

LETTRE XXXVII.

Le 18 septembre 1770.

Quelle nuit ! Guillaume ; à présent je puis tout surmonter. Je ne la verrai plus. Oh ! que ne puis-je voler à ton cou, mon bon ami, et t'exprimer avec transport, et en versant un torrent de larmes, tous les sentiments dont mon cœur est assailli ! Je suis assis ici, la bouche ouverte, pour saisir l'air ; je cherche à me tranquilliser ; j'attends le jour, et les chevaux doivent être prêts au lever du soleil.

Hélas ! elle dort d'un sommeil tranquille, et ne pense pas qu'elle ne me verra jamais. Je m'en suis arraché ; et, pendant un entretien de deux heures, j'ai eu assez de force pour n'avoir point trahi mon projet. Et, Dieu, quel entretien !

Albert m'avoit promis de se trouver au

WERTHER.

PARTE SEGUNDA.

CARTA XXXVII.

18 de septiembre.

Que noche! Guillermo, ahora ya lo puedo vencer todo. No la volveré á ver mas. Que no pudiera yo ir volando á arrojarme á tus brazos, y expresarte con el mayor transporte, y derramando un torrente de lagrimas, todas las penas que asaltan á mi corazon! Estoy sentado aqui, para tomar aliento; procuro sosegarme; aguardo que amanezca, porque he mandado que esten prontos los caballos, para así que salga el sol.

Ah! ella duerme en sosegado sueño, y no piensa en que no me volverá á ver. Me he arrancado de ella : y he tenido bastante fuerza, para no descubrir mi secreto, en una larga conversacion de dos horas. Y, ah! Dios mio! que conversacion!

Alberto me habia prometido que vendria

jardin avec Lolotte aussitôt après le souper. J'étois debout sur la terrasse, au milieu des hauts marroniers; et je regardois le soleil, que je voyois pour la dernière fois se coucher au-delà de la riante vallée et du fleuve qui couloit tranquillement. Je m'y étois si souvent trouvé avec elle! nous avions tant de fois contemplé ensemble ce magnifique spectacle! et.... j'allois et venois dans cette allée que j'aimois tant! Un attrait sympathique et secret m'y avoit si souvent retenu, avant même que je connusse Lolotte! Et quel plaisir, lorsqu'au commencement de notre liaison nous nous découvrîmes réciproquement notre inclination pour ce réduit, qui est vraiment une des productions de l'art la plus enchantée que j'aie jamais vue!

Vous découvrez d'abord, à travers les marroniers, la vaste perspective..... Ah! je m'en souviens; je t'en ai, je pense, déjà beaucoup écrit, comme des hêtres élevés forment une allée qui s'obscurcit insensiblement à mesure qu'on approche d'un bosquet où elle aboutit, jusqu'à ce que le tout se termine à une petite enceinte, où l'on éprouve tout le sentiment de la solitude. Je sens encore l'espèce de saisissement que je sentis lorsque, le soleil étant au plus haut de son

al jardin con Carlota, despues de cenar. Yo estaba de pie sobre la esplanada en medio de los elevados castaños, y miraba al sol, que por la ultima vez veia ocultarse mas allá del risueño valle, y del rio que corre mansamente. Me habia hallado tantas veces con ella! habiamos tantas veces contemplado juntos este magnifico espectaculo! y.... yo iba y venia en esta alameda que yo amaba tanto! Un atractivo simpático y secreto me havia retenido tantas veces, aun antes de conocer á Carlota! Y que placer, quando al principio de nuestra amistad, nos descubrimos reciprocamente nuestra mutua inclinacion á este parage, que es verdaderamente una de las mas bellas y seductoras produciones del arte, de quantas yo he visto!

Descubres al traves de los castaños, la vasta perspectiva..... Ah! yo me acuerdo: me parece que te he escrito bastante de el; te he dicho como las elevadas hayas forman una alameda que se obscurece insensiblemente á medida que se acerca á un bosquecillo donde va á terminarse, hasta que todo junto se confunde en un corto recinto, en donde se goza de la mas profunda soledad. Aun siento aquella especie de conmocion que experimenté, quando, entré en ella por

cours; j'y entrai pour la première fois. J'eus un pressentiment vague et confus de la félicité et de la douleur dont ce lieu devoit être pour moi le théâtre.

Il y avoit une demi-heure que je m'entretenois de ces douces et cruelles pensées des adieux, du revoir, lorsque je les entendis monter sur la terrasse; je courus au-devant d'eux; je lui pris la main avec un saisissement, et je la baisai. Nous étions en haut lorsque la lune parut derrière les buissons qui couvrent les collines. Nous parlions de diverses choses, et nous approchions insensiblement du cabinet obscur. Lolotte y entra et s'assit; Albert se plaça auprès d'elle, et moi aussi; mais mon inquiétude ne me permit pas de rester long-temps en place; je me levai, j'allai devant elle, fis quelques tours, et me rassis; j'étois dans un état violent. Elle nous fit remarquer le bel effet de la lune qui, au bout des hêtres, éclairoit toute la terrasse : coup d'œil superbe, et d'autant plus piquant, que nous étions environnés d'une obscurité profonde. Nous gardâmes quelque temps le silence; elle le rompit par ces mots : « Jamais, non, jamais « je ne me promène au clair de la lune, que

la primera vez, en el instante en que el sol se hallaba en lo mas alto de su carrera. Tubé un presentimiento vago y confuso de la felicidad y del dolor que devia experimentar en este paraje.

Hacía una media hora que yo me entretenia con estos dulces y crueles pensamientos de la despedida, del volvernos á ver, quando les oi subir por la explanada. Salí á su encuentro: les cogí las manos con el mayor transporte, y se las besé. Estabamos en lo mas alto, quando la luna apareció por detras de las malezas que cubrian las colinas. Hablabamos de cosas varias, y nos acercabamos insensiblemente á el gabinete obscuro. Carlota entró, y se sentó. Alberto se puso á su lado, y yo tambien; pero mi inquietud natural no me permitió permanecer por mucho tiempo, en un mismo parage. Me levanté; fui por delante de Carlota, dí algunos paseos, y volví á sentarme: me hallaba en un estado violento. Carlota nos hizo observar el bello efecto de la luna, que desde la punta de las hayas alumbraba toda la explanada: vista soberbia, y otro tanto mas bella para nosotros, quanto que nos hallabamos rodeados de una obscuridad profunda. Guardamos silencio por algun rato; y Carlota nos sacó de el,

« je ne me rappelle mes parents qui sont
« décédés, que je ne sois frappée du sentiment
« de la mort et de l'avenir. Nous serons
« encore, » continua-t-elle d'une voix qui
exprimoit la plus vive sensation ; « mais,
« Werther, nous retrouverons-nous ? nous
« reconnoîtrons-nous ? Qu'en pensez-vous ?
« — Que dites-vous, Lolotte ? » lui dis-je
en lui tendant la main, et sentant mes larmes prêtes à couler, « nous nous reverrons !
« En cette vie et en l'autre, nous nous re-
« verrons !.... » Je ne pus en dire davantage.... Guillaume, falloit-il qu'elle me
fît une semblable question dans le temps
que j'avois le cœur plein de cette séparation
cruelle ?

« Ces chers amis que nous avons perdus, »
continua-t-elle, « savent-ils quelque chose
« de nous ? ont-ils le sentiment du plaisir
« que nous éprouvons lorsque, pénétrés d'a-
« mour pour eux, nous nous rappelons leur
« mémoire ? Hélas ! l'image de ma mère est
« toujours présente à mes yeux, lorsque le
« soir je suis assise tranquillement au milieu
« de ses enfants, au milieu de mes enfants,
« et qu'ils sont assemblés autour de moi,
« comme ils l'étoient autour d'elle ; lorsque

hablando en estos terminos. « Jamas, no,
« jamas me paseo à la claridad de la luna,
« sin acordarme de mis parientes difuntos,
« sin sentirme conmovida con la idea de la
« muerte, y del tiempo que esta por venir. »
« Seremos.... » continuó ella, con una vez
voz que expresaba la mas viva sensacion :
« pero Werther, nos encontraremos? nos
« reconoceremos? Que creeis? Que decis? »
— Carlota, la dixé extendiendo la mano acia
ella, y con los ojos eclipsados en lagrimas,
« si, nos veremos! En esta vida, y en la otra
« nos volveremos á ver!.... » No pudé decir
mas.... Guillermo, era necesario que me
hiciese esta pregunta, en el mismo instante
en que yo tenia el corazon lleno de la idea
de esta separacion cruel?

« Esos caros amigos que hemos perdido,
« continuó Carlota, saben algo de nosotros?
« tienen idea del placer que experimentamos,
« quando, llenos del amor que les profesa-
« mos, les traemos á la memoria? Ah! la
« imagen de mi madre está siempre delante
« de mi vista. Quando estoy, por la noche,
« sentada tranquilamente en medio de sus
« hijos, que son como mios, y que se reunen
« á mi rededor, como se reunian al suyo,
« quando levantó al cielo mis ojos bañados

1*

« je lève vers le ciel mes yeux mouillés de
« larmes du desir, et que je souhaiterois
« qu'elle pût de là regarder un instant comme
« je lui tiens la parole que je lui donnai à
« sa dernière heure, d'être la mère de ses
« enfants, je m'écrie cent et cent fois : Par-
« donne, chère mère, si je ne suis pas pour
« eux ce que tu fus toi-même. Hélas ! je
« fais tout ce que je puis : ils sont vêtus,
« nourris ; et, ce qui est au-dessus de tout
« cela, ils sont choyés, chéris. Ame chère
« et bienheureuse, que ne peux-tu voir
« notre union ! Tu rendrois les plus vives
« actions de graces à ce Dieu à qui tu de-
« mandas, en versant des larmes les plus
« amères, le bien-être de tes enfants. » Elle
dit cela ! O Guillaume ! qui peut répéter ce
qu'elle dit ? Comment des caractères froids
et inanimés pourroient-ils rendre ces traits
célestes, ces fleurs de l'esprit ? Albert l'in-
terrompit avec douceur : « Cela vous affecte
« trop, chère Lolotte ; je vois que votre
« ame est fort attachée à ces idées : mais
« je vous prie.... O Albert ! interrompit-
« elle, je sais que tu n'as pas oublié ces soi-
« rées où nous étions assis ensemble autour
« de la petite table ronde, lorsque le papa étoit
« en campagne, et que nous avions envoyé

« en lagrimas de deseo, y que querria que
« ella pudiese mirar desde alli, aunque solo
« fuese por un momento, como la cumplo la
« palabra que la di en su ultimo instante, de
« ser la madre de sus hijos; exclamo mil y
« mil veces. Perdoname, madre querida, si
« yo no soy para con ellos, lo que tu fuistes.
« Ah! yo hago quanto puedo: estan vestidos,
« y alimentados; y sobre todo cuidados, y
« queridos. Alma querida, alma bienaven-
« turada, porque no te es dado el ver nuestra
« union! Darías las mas vivas acciones de
« gracias á Dios, á quien tu pides, derra-
« mando las mas amargas lagrimas, por el
« bien estar de tus hijos.. » — Dixó esto, ó
Guillermo! Pero quien será capaz de repetir
lo que dixo? Como unas almas frias é in-
sensibles podran repetir estos pasages celes-
tes, estas flores preciosas del talento? Alberto
la interrumpió con el mayor sosiego. « Que-
« rida Carlota, esto te hace una muy grande
« impresion: veo que tu alma se aficiona
« demasiado á estas ideas; pero te pido...
« O Alberto! interrumpió ella, yo se que
« tu no has olbidado aquellas noches, en que
« estabamos sentados á la mesita redonda,
« quando papá estaba en el campo, y em-
« biabamos á los muchachos á acostar. Re-

« coucher les enfants. Tu avois souvent un
« bon livre ; mais rarement t'arrivoit-il de
« nous en lire quelque chose : l'entretien de
« cette belle ame n'étoit-il pas préférable à
« tout ? Quelle femme ! belle, douce, vive
« et toujours occupée ! Dieu connoît les lar-
« mes que je versois souvent dans mon lit
« en m'humiliant devant lui, et le priant
« de me rendre semblable à elle.

« Lolotte, » m'écriai-je en me jetant à
ses pieds, et lui prenant la main, que je
baignai de mes larmes, « Lolotte, la béné-
« diction du ciel repose sur toi, ainsi que
« l'esprit de ta mère. — Si vous l'aviez con-
« nue ! » me dit-elle en me serrant la main.
« Elle étoit digne d'être connue de vous. »
— Je crus que j'allois m'anéantir ; jamais
mot plus grand, plus glorieux, n'a été prononcé sur mon compte. Elle poursuivit :
« Et cette femme a vu la mort l'enlever à
« la fleur de son âge, lorsque le dernier de
« ses fils n'avoit pas encore six mois. Sa
« maladie ne fut pas longue ; elle étoit calme,
« résignée ; ses enfants seuls lui faisoient de
« la peine, et sur-tout le petit. Lorsqu'elle
« tiroit à sa fin, elle me dit : Amène-les
« moi. Je les conduisis dans sa chambre :
« les plus jeunes ne connoissoient pas encore

« gularmente tenias tu un buen libro, pero
« muy pocas veces te sucedia el leernos algo:
« porque, la conversacion de esta bella cria-
« tura no erá preferible á todo? Que muger!
« hermosa, dulce, viva, y siempre ocupada!
« Dios sabe las lagrimas que yo derramaba
« muchas veces en mi cama, humillandome
« en su presencia, y pidiendole que me hi-
« ciese semejante á ella.

« Carlota, exclamé yo arrojandome á sus
« pies, y cogiendola la mano que bañaba en
« mis lagrimas. Carlota, la bendicion del
« cielo y el espiritu de tu madre reposen
« sobre ti. — « Si la huvieses conocido! »
« me dixo apretandome la mano. Era digna
« de que la conocieses. » Crei que iba á ano-
nadarme : jamas se ha pronunciado en mi
elogio, una palabra mas grande, mas gloriosa.
Carlota prosiguió : « Y esta muger ha visto
« á la muerte arrebatarla en la flor de su
« edad, quando su hijo mas pequeño apenas
« tenia seis meses. Su emfermedad no fue
« larga : estaba tranquila y sosegada; la unica
« pena que sentia era por sus hijos, y prin-
« cipalmente por el pequeño. Quando llegaba
« ya á sus ultimos instantes, me dixo : Trae-
« melos. Los llevé á su quarto. Los mas jo-
« venes no conocian aun la perdida que iban

« la perte qu'ils alloient faire, les autres « étoient privés de tout sentiment. Je les « vois encore autour de son lit; comme elle « leva les mains et pria sur eux ! comme « elle les baisa les uns après les autres, les « renvoya, et me dit : Sois leur mère ! Je « le lui promis. Tu me promets beaucoup, « ma fille, me dit-elle, le cœur d'une mère ! « l'œil d'une mère ! Tu en sens toute l'ex- « cellence ; et les larmes de la reconnois- « sance, que je t'ai vu verser tant de fois, « m'en assurent. Aie l'un et l'autre pour tes « frères et tes sœurs, et pour ton père la foi « et l'obéissance d'une épouse. Tu seras sa « consolation. Elle le demanda; il étoit sorti « pour nous cacher la douleur insupportable « qu'il sentoit; le pauvre homme étoit dé- « chiré.

« Albert, tu étois dans la chambre ! Elle « entendit quelqu'un marcher; elle demanda « qui c'étoit, et te fit approcher. Comme « elle nous fixa l'un et l'autre, dans la con- « solante pensée que nous serions heureux, « heureux ensemble ! » Albert se jeta à son cou, et l'embrassa en s'écriant : « Nous le « sommes ! nous le serons ! » Le flegmatique Albert étoit tout hors de lui, et je ne me connoissois plus.

WERTHER.

« á experimentar; los otros estaban sin sen-
« tido. Aun los veo al lado de su lecho :
« como ella levantó las manos al cielo, y
« pidió por ellos! como los besó uno despues
« de otro, los despidio, y me dixo, Tu seras
« su madre! asi se lo prometí. Mucho me
« prometes hija mia, me dixo entonces : el
« corazon de una madre! el cuydado de una
« madre! Tu conoces toda la excelencia; y
« las lagrimas de agradecimiento que te he
« visto derramar tantas veces, me aseguran.
« Ten uno y otro con tus hermanos y her-
« manas : y con tu padre la fé y la obedien-
« cia de una esposa. Seras su consuelo. Pidió
« que entrase mi padre; pero habia salido
« para ocultarnos el dolor insoportable que
« sufria : el infeliz se sentia despedazado.

« Alberto, tu estabas en el quarto! Ella
« oió alguien que paseaba : preguntó quien
« era, y te hizo acercar. Como nos miró fixa-
« mente á uno y á otro, con la idea consola-
« dora de que seriamos felices, felices en
« nuestra union. » Alberto se arrojó á sus
brazos, y la abrazó, exclamando. « Lo so-
« mos! lo seremos! » El flematico Alberto
estaba fuera de si, y yo no me conocia á mi
mismo.

« Werther, » reprit-elle, » cette femme
« n'est plus ! Dieu ! quand je pense comme
« on se laisse enlever ce qu'on a de plus cher
« dans la vie ! Et personne ne le sent aussi
« vivement que les enfants, qui, long-temps
« encore après, se plaignoient *que les hom-*
« mes noirs avoient emporté maman. »

Elle se leva ; je me sentois ému, troublé ;
je restois assis, et tenois sa main. « Il faut
« rentrer, » dit-elle, il est temps. » Elle
vouloit retirer sa main ; je la retins avec
plus de force. « Nous nous reverrons ! »
m'écriai-je, « nous nous trouverons ; sous
« quelque forme que ce puisse être, nous nous
« reconnoîtrons. Je vous laisse, continuai-je,
« je vous laisse volontiers ; mais, si je croyois
« que ce fût pour jamais, je ne pourrois sup-
« porter cette idée. Adieu, Lolotte ; adieu,
« Albert. Nous nous reverrons. — Demain,
« je pense, dit-elle en plaisantant. » Je sentis ce demain. Hélas ! elle ne savoit pas,
lorsqu'elle retiroit sa main de la mienne....
Ils descendirent l'allée ; je me levai, les
suivis de l'œil au clair de la lune, me jetai
à terre, et achevai de laisser couler mes
larmes. Je me relevai, je courus sur la terrasse ; je regardai en bas, et je vis encore,
vers la porte du jardin, sa robe blanche

« Werther, replicó ella, esta muger no
« existe ya. O Dios! quando pienso como
« perdemos lo que tenemos de mas estima-
« ble en la vida! Y nadie lo siente con tanta
« viveza como los niños los que mucho tiempo
« despues se quejaban de *que los hombres*
« *negros se habian llevado á mamá.* »
Carlota se levantó entonces. Yo estaba turbado, y conmovido; permanecia sentado y
tenia su mano agarrada. « Es menester vol-
« ver á casa; ya es hora. » Queria apartar
su mano, yo la retubé con mayor fuerza.
« Nos volveremos á ver! exclamé yo, nos
« hallaremos! sea qual sea nuestra forma,
« nos reconoceremos!... Os dexó, continué
« yo, os dexo pues; pero si creyese que ha-
« bia de ser para siempre no podria soportar
« esta idea. Adios, Carlota; adios, Alberto.
« Nos volveremos á ver. » — Creo que mañana, dixo ella chanceando. Esta palabra de
mañana, traspasó mi corazon. Ah! ella no
sabia, quando apartaba su mano de la mia....
Baxaron por la alameda: me levanté, los
seguí con la vista, á la luz de la luna, me
arrojé al suelo, y acabé de dexar correr mis
lagrimas. Me volvi á levantar, fui corriendo
acia la explanada: mire acia abaxo, y vi
áun acia la puerta del jardin sus blancas

briller dans l'ombre des hauts tilleuls; j'étendis les bras, et elle disparut.

LETTRE XXXVIII.

Le 20 octobre.

Nous arrivâmes hier. L'ambassadeur est indisposé, en sorte qu'il s'arrêtera ici quelques jours; s'il étoit seulement plus liant, tout iroit bien. Je le vois, je le vois, le sort m'a préparé de rudes épreuves! Mais, courage! un esprit facile supporte tout. Je ris de voir ce mot venir au bout de ma plume. Hélas! un peu plus de légéreté dans mon sang me rendroit l'homme le plus heureux de la terre. Quoi! là où d'autres, avec très-peu de force et de savoir, se pavanent devant moi pleins d'une douce complaisance pour eux-mêmes, je désespère de mes forces et de mes talents! Dieu, de qui je tiens tous ces dons, que n'en as-tu retenu une partie, pour me donner en place la confiance et le contentement de moi-même!

Patience, patience, cela ira mieux; car,

ropas que brillaban en la sombra de los altos tilos; extendí los brazos ácia ella, pero se desapareció.

CARTA XXXVIII.

20 de octubre.

LLEGAMOS ayer: el embaxador está algo indispuesto, de modo que nos detendremos aquí algunos dias: si á lo menos fuera un hombre de buen trato, todo iria bien. Lo veo, lo veo, la suerte me prepara las pruebas mas duras. Pero, animo! un espíritu facil y alegre todo lo soporta. Rio de ver como esta palabra ha venido á plantarse, por decirlo asi, á la punta de la pluma. Ah! si yo tubiera la sangre mas ligera, seria el hombre mas feliz de la tierra. Pero que! Allí, donde otros de pocas fuerzas y de menos saber, se envanecen delante de mi, yo desespero de mis fuerzas y de mis talentos! O Dios mio! que me has dado todos estos bienes, porque no me has retenido una parte, para darme, en su lugar, la confianza, y la satisfaccion de mi mismo!

Paciencia, y paciencia, esto irá mucho

je te le dis, mon ami, tu as raison; depuis que je suis tous les jours poussé dans la foule, et que je vois ce que sont les autres, et de quelle manière ils se conduisent, je suis plus content de moi-même. Certes, puisque nous sommes ainsi faits, que nous comparons tout à nous-mêmes, et nous-mêmes à tout, il suit de là que le bonheur ou la misère gît dans les objets auxquels nous nous lions; et dès-lors il n'y a rien de plus dangereux que la solitude. Notre imagination, portée de sa nature à s'élever, et nourrie des images fantastiques de la poésie, se crée un ordre d'êtres dont nous sommes au plus bas; tout ce qui est hors de nous nous semble magnifique; tout autre nous paroit plus parfait que nous-mêmes. Et cela est tout naturel: nous sentons si souvent qu'il nous manque tant de choses! Et ce qui nous manque, souvent un autre semble le posséder! Nous lui donnons alors tout ce que nous avons nous-mêmes, et, par-dessus tout cela, un certain stoïcisme idéal. Ainsi cet être heureux est parfaitement accompli, il est notre propre ouvrage. Au contraire, lorsqu'avec toute notre foiblesse et notre assiduité nous continuons notre travail sans nous distraire, nous remarquons souvent

mejor; porque, amigo mio, yo confieso que tu tienes razon: desde que me veo arrastrado todos los dias entre la multitud, y que veo lo que los demas son, y del modo como se portan, estoy mas contento de mi mismo. Y deverdad, puesque somos formados de este modo, que todo lo comparamos á nosotros mismos, y nosotros mismos á todo, se sigue de aqui que la fortuna ó la desgracia está en los objetos, á que nos unimos; y de consiguiente no hay cosa mas dañosa que la soledad. Nuestra imaginacion, que por su naturaleza es propensa á exâltarse, y la que se alimenta con las fantasticas imagenes de la poesia, se forja un orden de cosas, en el que nosotros ocupamos el grado mas baxo: quanto está fuera de nosotros nos parece magnifico: las demas personas nos parecen mas perfectas que nosotros mismos. Y es natural, porque continuamente estamos viendo que nos faltan tantas cosas! Y lo que nos falta, nos parece las mas veces, que otro lo posee! Le atribuimos todo quanto nosotros tenemos, y ademas un cierto estoycismo ideal. Asi pues este hombre es perfectamente feliz, pues que es obra de nuestra imaginacion. Pero si al contrario, quando con toda nuestra debilidad y nuestro teson, continua-

que nous allons plus loin en louvoyant, que d'autres en faisant force de voiles et de rames. Et...... c'est pourtant avoir un vrai sentiment de soi-même, que de marcher l'égal des autres, ou même de les devancer.

LETTRE XXXIX.

Le 10 novembre.

Je commence à me trouver assez bien ici à certains égards; le meilleur, c'est que l'ouvrage ne manque pas, et que ce grand nombre de personnes et de nouveaux visages de toute espèce offre à mon ame un spectacle bigarré. J'ai fait la connoissance du comte de C...., pour qui je sens croître mon respect de jour en jour. C'est un homme d'un vaste génie, et qui n'est pas froid, puisqu'il embrasse un grand nombre d'objets d'un coup d'œil. Son commerce me fait voir combien il est sensible à l'amitié et à l'amour. Il s'intéressa à moi lorsque, m'acquittant d'une commission dont j'étois chargé auprès de lui, il remarqua, dès les premiers mots, que nous nous entendions, et qu'il

mos nuestro trabajo sin distraernos, veremos que las mas veces andamos mas camino costeando, que los otros navegando á vela y remo. Y..... no es tener una idea cierta de nuestro proprio merito, el marchar á el igual de los demas, ó tal vez el adelantarse.

CARTA XXXIX.

10 de noviembre.

Principio, en cierto modo á estar bien: lo mejor de todo es que no me falta el trabajo, y que este gran numero de personas, y de rostros nuevos de toda especie, ofrece á mi alma un espectaculo agradable, por su variedad. He hecho amistad con el conde de C..... á quien de dia en dia profeso mayor respeto y estimacion. Es un hombre de mucho talento, y que nada tiene de frio, puesque de una sola ojeada abraza gran numero de objetos. Su trato me hace ver quan sensible es á los placeres de la amistad y del amor. Comenzó á hacer amistad conmigo; un dia en el que cumpliendo yo con un negocio que tenia con el, vio desde las primeras palabras que nos entendiamos, y que podia

pouvoit parler avec moi comme il n'auroit pas fait avec tout le monde. Aussi je ne puis assez me louer de la manière ouverte dont il en use avec moi. Il n'y a pas de joie plus vraie, plus sensible dans le monde, que de voir une grande ame qui s'ouvre devant vous.

LETTRE XL.

Le 24 octobre.

L'AMBASSADEUR me chagrine beaucoup; je l'avois prévu. C'est le sot le plus pointilleux qu'on puisse voir. Toujours compassé, et minutieux à l'excès, c'est un homme qui n'est jamais content de lui-même, et que, par conséquent, personne ne sauroit satisfaire. Je travaille assez couramment, et je ne retouche pas volontiers ce qui est une fois écrit. Aussi il sera homme à me remettre un mémoire, et à me dire : « Il est « bien; mais, revoyez-le, on trouve tou- « jours un meilleur mot, une particule plus « propre. » Alors je me donnerois au diable de bon cœur. Pas un *et*, pas la moindre conjonction ne peut être omise ; et il est

hablar conmigo de un modo diferente que con los demas. Asi pues, no tengo palabras bastantes para alabar la franqueza con que me trata. No hay cosa en el mundo que produzca una alegria mas viva y mas verdadera, que el ver que un alma grande se franquea á uno.

CARTA XL.

24 de diciem.bre

El embaxador me mortifica mucho, y esto ya lo habia yo previsto. Es el tonto mas quixote que yo he visto. Paso á paso, y ridiculamente escrupuloso hasta en las mas pequeñas menudencias. Es un hombre que jamas está contento de si mismo, y á quien, por lo consiguiente, nadie puede dar gusto. Trabajo yo, como tu sabes, con bastante facilidad, y no me gusta retocar lo escrito. Pero el., es hombre capaz de volverme una minuta, y de decirme: « Está buena, pero « volvedla á repasar : se halla siempre una « palabra mejor, una oracion mas propia. » Entonces yo me daria á todos los demonios. No se puede omitir una sola *y*, ni la mas

ennemi déclaré de toute inversion, qui m'échappe quelquefois. Si une période ne ronfle pas, et n'est pas cadencée selon l'usage, il n'y entend rien. C'est un martyre que d'avoir affaire à un homme comme celui-là.

La confiance du comte de C.... est la seule chose qui me dédommage. Il n'y a pas long-temps qu'il me dit franchement combien il étoit mécontent de la lenteur et de la scrupuleuse circonspection de mon ambassadeur. Ces gens-là sont insupportables à eux-mêmes et aux autres. « Et cependant, « dit-il, il faut prendre son parti, comme « un voyageur qui est obligé de passer une « montagne. Sans doute si la montagne n'é- « toit pas là, le chemin seroit bien plus fa- « cile et plus court ; mais elle y est, et il « faut passer..... »

Mon vieux s'apperçoit bien de la préférence que le comte me donne sur lui, ce qui l'aigrit encore; et il saisit toutes les occasions de parler mal du comte devant moi. Je prends, comme de raison, son parti; et les choses n'en vont que plus mal. Hier il me mit tout à fait hors des gonds ; car il tiroit en même temps sur moi. « Le comte,

pequeña conjunción; y es enemigo mortal de toda inovacion la qual se me escapa alguna vez. Si una frase no es bastante hinchada, ó no forma la cadencia de moda, no entiende nada. Realmente es un tormento el tener que hacer algo con un hombre de esta especie.

Lo unico que me consuela es la amistad del conde de C.... No hace muchos dias que me dixó con la mayor franqueza, quánto le enfadaba la lentitud y la escrupulosa circunspeccion de mi embaxador. Estas personas son insoportables á si mismos, y á los demas. « Y sin embargo, dice mi amigo, es « necesario tomar su partido como un viajero « que se ve obligado á pasar por una mon- « taña. No hay duda en que si la montaña « no estubiese alli, el camino seriá mas facil, « y mas corto; pero pues que la montaña « está alli no hay mas que pasarla. »

El viejo conoce bien la preferencia que el conde me da respecto á el, y esto le pone muy de mal humor: busca todas las ocaciones de hablar mal del conde delante de mi. Yo tomo su partido como es regular, pero nada adelanto por esto. Ayer me hizó enfadar enteramente, porque tambien tiraba contra mi; dixó pues. « El conde conoce

« dit-il, connoît assez bien les affaires du
« monde; il a de la facilité pour le travail,
« il écrit fort bien; mais, quant à la profonde
« érudition, il lui manque ce qui manque à
« tous les littérateurs. » Je l'aurois de bon
cœur battu, car il n'y a pas autre chose à
dire à ces gens-là; mais, comme cela n'étoit
pas possible, je lui répondis avec assez de
vivacité, que le comte étoit un homme qui
méritoit d'être considéré tant du côté de son
caractère que de ses connoissances. « Je ne
« sache personne, dis-je, qui ait mieux
« réussi que lui à étendre la sphère de son
« esprit, à l'appliquer à un nombre infini
« d'objets, et à conserver en même temps
« toute l'activité requise pour la vie ordi-
« naire. » Tout cela n'étoit pour lui que des
châteaux en Espagne. Je lui tirai ma révérence, pour ne pas m'aigrir davantage.

 Et c'est à vous que je dois m'en prendre,
à vous qui m'avez fourré là, à vous qui
m'avez tant prôné l'activité. Activité ! Je
veux, si celui qui plante des pommes de
terre et va vendre son grain à la ville, ne
sait pas plus que moi, je veux me harasser
encore, pendant dix ans, sur cette galère
où je suis enchaîné.

« bastante bien los negocios del mundo, tiene
« facilidad en el trabajo, y escribe muy bien;
« pero como á todos los literatos, le falta
« una erudicion profunda. » Con muy buena
gana me habria batido con el, porque no se
puede responder de otro modo á estas gentes; pero como no era posible el hacer esto,
le respondi con bastante viveza, que el conde
merecia la mayor consideracion tanto por su
caracter, como por su talento é instruccion.
« No conozco nadie, añadi yo, que haya
« logrado mejor que el, el extender la esfera
« de su talento, aplicarlo á un numero infi-
« nito de objetos, y conservar á un mismo
« tiempo toda la actividad necesaria para la
« vida comun. » Pero para el todo esto era
como castillos en el ayre. Yo me despedi de
el para no enfadarme mas.

Y contra quien debo pegar es contra ti,
que me has encaxado aqui, contra ti que
tanto me has predicado la actividad. Actividad! Yo quiero sufrir áun diez años en
este maldito presidio en el que estoy enca-
denado, si un hombre que no tiene mas
ocupacion que la de plantar patatas, y la de
ir á vender sus granos á la ciudad, no hace
mas que yo!

Et cette brillante misère, cet ennui qui règne parmi ce peuple maussade qui se voit ici! Cette manie de rangs, qui fait qu'ils se surveillent et s'épient les uns les autres, pour tâcher de se devancer d'un pas; passions malheureuses et pitoyables, qui ne sont pas même masquées!.... Par exemple, il y a ici une femme qui entretient tout le monde de sa noblesse et de sa terre; en sorte qu'il n'y a pas un étranger qui ne doive dire en lui-même: « Voilà une sotte qui se « figure des merveilles de son peu de noblesse « et de la renommée de son pays.... » Mais ce n'est pas là le pire; cette même femme n'est que la fille d'un secrétaire du bailliage des environs. Vois-tu, je ne puis concevoir le genre humain, qui a assez peu de bon sens pour se prostituer aussi platement.

Je remarque chaque jour, de plus en plus, combien l'on est fort de se mesurer sur les autres; et parce que j'ai tant à faire avec moi-même, et parce que mon cœur, mon imagination, sont si orageux.... Hélas! je laisse bien volontiers chacun aller son chemin, s'il vouloit me laisser aller de même.

Ce qui me vexe le plus, ce sont ces gradations désagréables parmi les bourgeois. Je

Y es la brillante miseria y el fastidio que reyna entre estas groseras gentes! Esta manía de clases, que es causa de que se acechen y fiscalizen unos á otros, para lograr la preferencia en un paso; pasiones infelices, y miserables que ni aun siquiera estan disfrazadas.... Pondré por exemplo, una muger que hay aqui, la qual no habla á todos, de otra cosa que de su nobleza y de sus estados; de modo que no hay extrangero alguno que no deba decir en su interior. « Esta es una « tonta que se forja mil maravillas de su pe- « queña nobleza, y de la fama de su pays... » Pero no es esto lo peor: esta muger no es mas que la muger de un escribano de un alcalde de estas cercanias. Mira tu, yo no puedo figurarme el genero humano, que es tan poco razonable que se prostituya con tanta baxeza.

Cada dia observo de mas en mas, quan tonto es uno en quererse medir con los otros; y porque yo tengo que hacer tanto conmigo mismo, y porque mi corazon, mi imaginacion estan tan turbadas.... Ah! yo dexo á cada uno andar por su camino, si quisiesen dexarme tambien andar por el mio.

Pero lo que mas me irrita, son las diferentes clases que forjan todas estas pobres

sais aussi bien qu'un autre comme la distinction des états est nécessaire, combien d'avantages elle me procure à moi-même; mais je ne voudrois pas qu'elle me barrât le chemin qui peut me conduire à quelque plaisir, et me faire jouir d'une lueur de félicité. Je fis dernièrement connoissance, à la promenade, d'une demoiselle de B...., aimable créature qui, au milieu des airs empesés de ceux avec qui elle vit, a conservé beaucoup de naturel. Nous nous plûmes dans notre conversation; et, lorsque nous nous séparâmes, je lui demandai la permission de la voir chez elle. Elle me l'accorda avec tant de franchise, que je pouvois à peine attendre l'heure convenable pour l'aller voir. Elle n'est point ici, et elle demeure chez une tante. La physionomie de la vieille tante ne me plut point : je témoignai beaucoup d'égards ; je lui adressois presque toujours la parole ; et, en moins d'une demi-lieure, j'eus deviné ce que la nièce m'a avoué par la suite, que sa chère tante, à son âge, depuis une fortune aisée jusqu'à l'esprit, n'a d'autre soutien que le rang de ses ancêtres, aucun rempart que l'état dans lequel elle s'est retranchée, et d'autre récréation que de regarder fièrement les bourgeois de son pre-

gentes. Sé tan bien como los demas quan necesaria es la distincion de clases, quantas ventajas me procura á mí mismo; pero no querria que me estorbase el camino que puede conducirme á algunos placeres, y hacerme gozar de algun rayo de felicidad. He hecho amistad ultimamente en el paseo, con una señorita de B... criatura realmente amable, que en medio del tono vanidoso de las personas con quienes vive, ha conservado bastante naturalidad. Nos agradó mutuamente la conversacion, y de que nos separamos, la pedí permiso para volverla á ver. Me lo concedió con tanta franqueza, que apenas podia yo aguardar la hora conveniente para ir á verla. No es de aqui, y vive con una tia suya. La fisonomia de la vieja no me agradó. La traté con la mayor atencion, dirigiéndola quasi siempre la palabra; y en menos de media hora adiviné lo que la sobrina me ha confesado despues; que su querida tia, á su edad, carece de todo, de fortuna y de talento, y no tiene mas apoyo que la nobleza de sus abuelos, mas defensa que su clase en la que se fortifica como en una ciudadela, ni mas recreo que el de burlarse desde su solio, de la miserable plebe. Habia sido bonita en su juventud. Ha pasado toda

mier étage. Elle doit avoir été belle dans sa jeunesse. Elle a passé sa vie à des bagatelles, a fait d'abord le tourment de plusieurs jeunes gens par ses caprices; et, dans un âge plus mûr, elle a baissé humblement la tête sous le joug d'un vieux officier, qui, à ce prix, et au moyen d'un revenu honnête, passa avec elle le siècle d'airain, et mourut: maintenant elle se voit seule au siècle de fer, et ne seroit pas même regardée, si sa nièce n'étoit pas aussi aimable qu'elle l'est.

LETTRE XLI.

Le 8 janvier.

Quels hommes que ceux dont l'ame toute entière repose sur le cérémonial, qui passent toute l'année à imaginer, à controuver les moyens de pouvoir se glisser à table à une place plus haute d'un siége! Ce n'est pas qu'ils manquent d'ailleurs d'occupations; tout au contraire, l'ouvrage se multiplie, parce que ces petites mortifications les empêchent de terminer les affaires d'importance. C'est ce qui arriva la semaine dernière à la promenade des traîneaux; toute la fête fut troublée.

su vida en bagatelas, y en atormentar á muchos jóvenes, con sus caprichos; y en una edad ya mas avanzada, ha recibido humildemente el yugo de un oficial ya anciano, el que por este precio, y el de una rente bastante decente, pasó con ella el siglo de bronze, y murió: pero ahora se ve sola en el siglo de hierro, en el que ni áun gozaria de una sola mirada, si su sobrina no fuera tan amable, como es.

CARTA XLI.

8 de enero 1775.

Qué especie de hombres son estos! toda su alma se ocupa en el ceremonial, pasan todo el año en imaginar, en hallar un modo de poderse escurrir en la mesa á un puesto, á una silla mas arriba. No porque no tengan otras ocupaciones; al contrario, se multiplican los negocios, porque estas pequeñas mortificaciones les impiden el terminar los negocios de importancia. Esto fue lo que, precisamente, sucedió la semana pasada en el paseo de los trineos, pues se turbó toda la fiesta.

Les insensés ! qui ne voient pas que la place ne fait proprement rien, et que celui qui a la première joue si rarement le premier rôle ! Combien de rois qui sont conduits par leurs ministres, et combien de ministres qui sont guidés par leurs secrétaires ! Et qui donc est le premier ? C'est celui-là, je pense, qui a plus de lumières que les autres, et assez de pouvoir ou d'adresse pour faire servir leurs forces et leurs passions à l'exécution de ses plans.

LETTRE XLII.

Le 20 janvier.

Il faut que je vous écrive, ma chère Lolotte, ici, dans la chambre d'une auberge rustique, où je me suis réfugié contre un orage terrible. Tant que j'ai été dans ce triste repaire D....., au milieu de gens étrangers, oui, très-étrangers à mon cœur, je n'ai trouvé aucun instant, aucun, où ce cœur m'eût ordonné de vous écrire. Mais, à peine dans cette cabane, dans cette étroite solitude, où la neige et la grêle se déchaînent contre ma petite fenêtre, vous avez été ma première

Los locos! que no ven que el puesto nada hace, y que es muy raro que el que ocupa el primero, haga realmente el primer papel. Quantos reyes que son gobernados por sus ministros, y sus ministros que son gobernados por sus secretarios! Y quien es pues el primero? A mi entender, el que tiene mas talento que los demas, y bastante poder y maña para hacer servir sus fuerzas y sus pasiones á la execucion de sus planes.

CARTA XLII.

20 de enero.

NECESITO escribir, querida Carlota, aqui, en el quarto de un rustico meson, donde me he refugiado huyendo de una terrible tempestad. Mientras que he permanecido en el triste albergue de D... en medio de gentes extrañas, si, y muy extrañas á mi corazon, no he hallado ningun instante, ninguno, en que este corazon me haya mandado esribiros. Pero vos habeis sido mi primera idea asi que me he hallado en esta cabaña, en esta estrecha soledad, en que la nieve y el

pensée. Dès que j'y suis entré, l'idée de votre personne, ô Lolotte ! cette idée si saine, si vive, s'est d'abord présentée à moi. Grand Dieu ! voilà le premier retour d'un heureux moment !

Si vous me voyiez, ma chère, au milieu du torrent des distractions ! comme tous mes sens deviennent arides ! Pas un instant de l'abondance du cœur, pas une heure à donner à ces larmes si délicieuses. Rien ! rien ! Je me tiens debout comme devant une curiosité ; je vois de petits hommes et de petits chevaux passer et repasser devant moi ; et je me demande souvent si ce n'est point une illusion d'optique. Je joue avec les autres, ou plutôt on me fait jouer comme une marionnette ; et souvent je prends mon voisin par sa main de bois, et je me retire avec horreur.

Je n'ai trouvé ici qu'une seule créature féminine, mademoiselle de B... Elle vous ressemble, chère Lolotte, si l'on peut vous ressembler. « Oh ! dites-vous, il se mêle « de faire des compliments ! » Cela n'est pas tout à fait faux. Depuis quelque temps je suis fort gentil, parce que je ne puis pas

yelo combaten contra mi ventanita. Asi que he entrado, la idea de vuestra persona, ó Cárlota, esta idea tan santa y tan viva se ha presentado á mi imaginacion. Dios todo poderoso! Esta es la primera memoria de un instante feliz!

Si me vieseis, querida mia, en medio de este torrente de distracciones! como se secan, por decirlo asi, todos mis sentidos! ni un solo instante de abundancia de corazon, ni una hora sola para aquellas lagrimas tan deliciosas. Nada! nada! Estoy de pie derecho, como delante de una curiosidad: veo pasar y volver a pasar delante de mi hombrecillos y caballos pequeños; y muchas veces me pregunto á mi mismo, si no es una ilusion de optica. Juego con los demas, ó por mejor decir, me hacen jugar como una muñeca: voy á agarrar á mi vecino por la mano, y me aparto horrorizado, creyendo que es de madera.

No he hallado aquí mas que una muger, una criatura amable, la señorita de B.... Ella se os parece, si alguna persona puede compararse con vos. « Ah! direis, ahora se « le antoja hacer cumplimientos. » Esto no es enteramente falso. Haze algun tiempo que me he vuelto muy galan, porque áun no

encore être autre chose; j'ai beaucoup d'esprit, et les femmes disent que personne ne sauroit louer plus joliment que moi. (Ni mentir, ajoutez-vous; car l'un ne va pas sans l'autre.) Je voulois vous parler de mademoiselle B.... Elle a beaucoup d'ame, et cette ame perce toute entière à travers ses yeux bleus. Son état lui est à charge, parce qu'il ne contente aucun des desirs de son cœur. Elle aspire à se voir hors du tumulte; et nous passons quelquefois des heures entières à nous figurer un bonheur sans mélange dans des scènes champêtres. Vous n'y êtes point oubliée. Ah! combien de fois n'est-elle pas obligée de vous rendre hommage! Que dis-je? obligée! elle le fait volontiers; elle a tant de plaisir à entendre parler de vous! elle vous aime.

Oh! que ne suis-je assis à vos pieds, dans cette chambre si agréable, tandis que nos petits amis tourneroient autour de moi! Quand vous trouveriez qu'ils feroient trop de bruit, je les rassemblerois tranquilles auprès de moi en leur contant quelque effrayant conte de ma mère l'oie. Le soleil se couche majestueusement, et quitte cette contrée toute brillante de neige. La tempête s'est appaisée. Et moi.... Il faut que je rentre

puedo hacer otra cosa; tengo mucha gracia, y las mugeres dicen que nadie podrá hacer un elogio mejor que yo. (Ni mentir, podeis añadir; porque una cosa no puede ir sin otra.) Queria hablaros de la señorita de B... Tiene mucha alma, que brilla en sus ojos azules. Su estado la desagrada, porque en nada satisface los deseos de su corazon. Desea verse lejos del tumulto del mundo; y algunas veces pasamos horas enteras imaginandonos una felicidad pura en el sosiego de los campos. No os olbidamos en estas conversaciones. Ah! quantas veces no se ve obligada á tributaros sus elogios! Que digo obligada! Lo hace voluntariamente; porque tiene tanto gusto en oir hablar de vos! Os ama.

Ah! porque no estoy yo sentado á vuestros pies, en aquel agradable gabinete, mientras que nuestros amiguitos jugarian dando vueltas á nuestro arrededor! De que os pareceria que hacian demasiado ruydo, yo los haria estar quedos á mi lado, contandoles algun cuento espantoso de brujas. El sol se oculta magestuosamente, y se aleja de esta tierra que resplandece con la nieve. La tempestad se ha calmado. Y yo... es menester

dans ma cage. Adieu ! Albert est-il auprès de vous ? Et comment ? Dieu me pardonne cette question.

LETTRE XLIII.

Le 17 février.

Je crains bien que l'ambassadeur et moi nous ne soyons pas long-temps d'intelligence. Cet homme est absolument insupportable ; sa manière de travailler et de conduire les affaires est si ridicule, que je ne puis m'empêcher de le contrarier, et de faire souvent à ma tête et à ma manière des choses que naturellement il ne trouve jamais bien. Il s'en est plaint dernièrement à la cour ; et le ministre m'a fait une réprimande, douce à la vérité, mais enfin c'étoit une réprimande; et j'étois sur le point de demander mon congé, lorsque j'ai reçu une lettre particulière de lui, une lettre devant laquelle je me suis mis à genoux, pour adorer le sentiment élevé, noble et sage avec lequel il rectifie ma sensibilité excessive ; et, tout en louant mes idées outrées de l'activité, de l'influence sur les autres, de la pénétration dans les

que me vuelva á mi jaula. Adios! Alberto está á vuestro lado? Y como? Dios me perdone esta pregunta.

CARTA XLIII.

17 de febrero.

TEMO que el embaxador y yo no estaremos mucho tiempo de acuerdo. Este hombre es absolutamente insoportable: su modo de trabajar y de gobernar los negocios es tan ridículo, que no puedo menos de contradecirlo, y de hacer muchas veces, á mi capricho y á mi modo, cosas que jamas le parecen bien. Se ha quejado ultimamente á la corte, y el ministro me ha dado una reprension: suave, á la verdad, pero enfin, una reprension: iba ya á pedir mi retiro, quando recibi una carta particular suya, una carta que me hizo poner de rodillas para adorar el modo sublime, noble, y entendido con el que rectifica mi excesiva sensibilidad, y al mismo tiempo que alaba mis ideas exâgeradas de la actividad, de la influencia sobre los demas, de la penetracion en los negocios, como que nacen de un animo muy digno de

affaires, comme dérivant d'un courage qui convient à un jeune homme, il tâche pourtant, non de les détruire tout à fait, mais de les modérer, et de les diriger vers le point où elles peuvent avoir leur vrai jeu, et opérer leurs effets. Aussi me voilà encouragé pour huit jours, et réconcilié avec moi-même. Le repos de l'ame est une superbe chose, mon ami; et la joie même, si cette chose n'étoit pas aussi fragile, qu'elle est belle et précieuse !

LETTRE XLIV.

Le 20 février.

Que Dieu vous bénisse, mes chers amis, et vous donne tous les bons jours qu'il m'enlève !

Je te remercie, Albert, de m'avoir trompé; j'attendois l'avis qui devoit m'apprendre le jour de votre mariage; et je m'étois promis de détacher ce même jour, avec solemnité, le portrait de Lolotte de la muraille, et de l'enterrer parmi d'autres papiers. Vous voilà unis, et son portrait est encore ici ! Il y restera ! Et pourquoi non ? Je sais que je

elogio en un joven : procura despues, no el destruirlo enteramente, sino el moderarlo, el dirigirlo acia un fin, en donde pueda emplearlo ultimente, y producir muy buenos efectos. Asi pues vedme ya animado por ocho dias, y reconciliado conmigo mismo. Amigo mio, es una cosa excelente, el sosiego del alma, y la alegria, quan bella y preciosa es, sino fuese tan fragil !

CARTA XLIV.

20 de febrero.

Dios os bendiga, mis queridos amigos, y os dé todos los buenos dias que me quita.

Te doy gracias, Alberto mio, de haberme engañado. Aguardaba la noticia del dia de vuestro casamiento; y me habia propuesto de descolgar de la pared el retrato de Carlota, y de enterrarlo entre los demas papeles. Ya estais unidos, y aún se halla aqui su retrato : aqui permanecerá. Y porque no ? Yo se que tambien estoy en vuestra casa,

suis aussi chez vous; je suis, sans te faire de tort, dans le cœur de Lolotte. J'y tiens, oui, j'y tiens la seconde place après toi; et je veux, je dois la conserver. Oh! je serois furieux si elle pouvoit oublier!... Albert, l'enfer est dans cette idée. Albert! Adieu, adieu, ange du ciel; adieu, Lolotte.

LETTRE XLV.

Le 15 mars.

J'AI essuyé une mortification qui me chassera d'ici; je grince les dents. Diable! c'est une chose faite; et c'est encore à vous que je dois m'en prendre, à vous qui m'avez aiguillonné, instigué, tourmenté, pour me faire entrer dans un poste qui ne cadroit point avec ma façon de penser. J'y suis, vous en êtes venu à bout; et, afin que tu ne dises pas encore que mes idées outrées gâtent tout, je vais, mon cher, t'exposer le fait avec toute la précision et la netteté d'un chroniqueur.

Le comte de C... m'aime, me distingue, on le sait; je te l'ai dit cent fois. Je restai

Estoy sin hacerte daño, en el corazon de Carlota. Ocupo, si, ocupo el segundo lugar despues de ti; y quiero y debo conservarla. Ah! me pondria furioso, si ella pudiese olbidar!.... Alberto, todas las furias del infierno no igualan á esta idea. Alberto, á dios. A dios, angel del cielo, á dios, Carlota.

CARTA XLV.

15 de marzo.

He sufrido una mortificacion, que me hechará de aqui: rechino los dientes. Esto es hecho: y debo quejarme de vos, de vos que me habeis ahijoneado, instado, atormentado para hacerme entrar en un puesto que no quadraba con mi modo de pensar. Estoy en el, tu has logrado tu fin. Y para que no digas que yo lo echo todo á perder con mis ideas exâgeradas, voy, querido amigo, á exponerte el suceso con toda la exâctitud de un cronita.

El conde de C.... me quiere, me trata con distincion, ya lo sabes, puesque te lo

à dîner chez lui hier, jour où une société de personnes de qualité des deux sexes s'assemble le soir chez lui, société à laquelle je n'ai jamais pensé ; et d'ailleurs il ne m'étoit jamais venu dans l'esprit que nous autres subalternes nous ne sommes pas là à notre place. Bon. Je dîne chez le comte, et, après le dîner, nous allons et venons dans la grand' salle ; je cause avec lui et le colonel B.... qui survient, et insensiblement l'heure de l'assemblée arrive : Dieu sait si je pense à rien. Alors entre très-gracieuse dame de S... avec M. son mari, et leur oison de fille avec sa gorge plate, et son corps effilé et tiré au cordeau ; ils me font, en passant, la petite grimace usitée des grands seigneurs. Comme je déteste cordialement cette race, je voulois tirer ma révérence, et j'attendois seulement que le comte fût délivré de leur babil maussade, lorsque mademoiselle B.... entra aussi ; et, comme je sens toujours mon cœur s'épanouir un peu quand je la vois, je demeurai, me plaçai derrière sa chaise, et ne m'apperçus qu'au bout de quelque temps qu'elle me parloit d'un ton moins ouvert que de coutume, et avec une sorte de contrainte. J'en fus surpris. « Est-elle aussi comme tout ce monde-

he dicho mas da veynte veces. Ayer me quedé á comer en su casa: precisamente es el dia, en que se junta por la noche una sociedad de personas distinguidas de los dos sexôs; sociedad, de la que jamas me he acordado; y sobre todo jamas me ha pasado por la imaginacion que nosotros los subalternos no debemos hallarnos alli. Muy bien. Como pues en casa del conde, y despues de comer nos paseamos á uno y otro lado, en el salon. Hablo con el, y con el coronel B... que vinó en este interim; é insensiblemente llega la hora de la junta. Dio me es testigo que no pienso en nada. Entonces entra la muy venerable señora de S... con su señor esposo, y la pava de su hija con su pecho liso como una tabla, y su cuerpo afilado, y tirado á cordon. Me hacen al pasar la pequeña reverencia que acostumbran los grandes señores. Como yo detesto de todo corazon á toda esta raza de gentes, iba a despedirme, y para ello aguardaba solo á que el conde se viese libre de su torpe habladuria: en esto entra la señorita B....., y como siempre que la veo, mi corazon se conmueve un poco, me quedé, y fui á colocarme detras de su asiento: solo advertí despues de algun tiempo, que me hablaba con menos

« là ? dis-je en moi-même. Que le diable
« l'emporte ! » J'étois piqué ; je voulois me
retirer, et néanmoins je restai, curieux de
m'en éclaircir davantage. Cependant la société se remplit. Le baron F.... couvert de
toute la garde-robe du temps du couronnement de François Ier, le conseiller R....
qualifié ici de monseigneur de R.... avec
sa femme qui est sourde, etc. sans oublier
le ridicule J.... sur l'habillement de qui
l'on voyoit les restes de l'ancienne mode
gothique contraster avec la plus nouvelle.
Tout cela vient ; et je jase avec quelques
personnes de ma connoissance, que je trouve
fort laconiques. Je pensois.... et je ne faisois attention qu'à B.... Je ne m'appercevois pas que les femmes se parloient à l'oreille, au bout de la salle ; que cela circuloit
parmi les hommes ; que madame de S....
parloit avec le comte, (mademoiselle B...
m'a dit tout cela depuis) jusqu'à ce qu'enfin
le comte vint à moi, et me conduisit vers
une fenêtre. « Vous connoissez, me dit-il,
« nos usages singuliers ; je remarque que la
« compagnie est choquée de vous voir ici ;
« je ne voudrois pas pour tout.... — Monseigneur, lui dis-je en l'interrompant, je
« vous demande mille pardons ; j'aurois dû

franqueza que la acostumbrada, y con una especie de encogimiento, Me sorprendi. « Es « tambien como todas estas gentes, me dixé « en mi interior? Que el diablo la llevé! » Estaba realmente picado : queria retirarme: y sin embargo me quedaba, por la curiosidad de aclarar mas el asunto. Entanto se iba llenando el salon. El baron F.... cubierto de todo el equipage de en tiempo de Carlos V, el consejero R.... que toma aqui el titulo de un excelencia, con su muger que es sorda, y sin olbidar el ridiculo J.... en cuyo trage se ve la moda mas gotica y mas vieja, mezclada con la mas nueva : todas estas personas llegaron, mientras yo hablaba con algunas otras conocidas, las que me parecieron muy laconicas. Pensaba.... y solo atendia á B.... No adverti que las señoras se chucheaban á el oido, á una punta de la sala; que tambien los hombres comenzaban á hacer lo mismo : que el señor de S.... hallaba con el conde (la señorita B.... me ha dicho todo esto despues) hasta que enfin el conde se vinó para mi, y me llevó acia una ventana. « Ya conoceis, me dixó, nues- « tras costumbres particulares. He observado « que todos notan el veros aqui : no querria « por todo el mundo.... Señor, le dixé,

« y songer plus tôt ; j'espère que vous me
« pardonnerez cette inconséquence ; j'avois
« déjà pensé à me retirer. Un mauvais génie
« m'a retenu, ajoutai-je en riant, et en lui
« faisant ma révérence. » Le comte me serra
la main avec un sentiment qui disoit tout.
Je saluai la sublime compagnie, sortis,
montai dans un cabriolet, et me rendis à
M...., pour y voir de dessus la montagne
le soleil se coucher, et lire en même temps
ce superbe morceau d'Homère, où il raconte
comme Ulysse fut hébergé par le digne por-
cher. Tout cela étoit bien.

 Je revins le soir au souper. Il n'y avoit
encore que quelques personnes qui jouoient
au dez sur le coin de la table : on avoit écarté
un bout de la nappe. Je vis entrer l'honnête
A... Il posa son chapeau en me regardant,
vint à moi, et me dit tout bas : « Tu as eu
« du chagrin ? — Moi ? — Le comte t'a fait
« entendre qu'il falloit sortir de la compa-
« gnie. — Que le diable l'emporte ! J'étois
« bien aise de prendre l'air. — Tu fais bien
« de prendre la chose du bon côté ; ce qui
« me fâche, c'est qu'elle est déjà divulguée. »
Ce fut alors que je me sentis piqué. Tous
ceux qui venoient se mettre à table, et qui

« interrunpiendole, os pido mil perdones;
« debia yo haber caydo antes en ello. Espero
« que me perdonareis esta falta de reflexîon.
« Ya iba yo á retirarme. Yo no se que mal
« genio me ha detenido, » añadi riendo, y
haciendole una cortesia. El conde me tomó
de la mano, y me la apretó de un modo que
daba á entender, quanto podia decir. Saludé
á la sublime compañia, sali, y tome mi
cabriolé, y fui á M.... para ver, desde lo
alto de la montaña, el ponerse del sol, y
leer al mismo tiempo el sublime pasage de
Homero en que cuenta como el porquero
alojó á Ulises. Todo esto va bien.

A la noche viné á casa á cenar. No habia
aun mas que algunas personas que jugaban
á los dados en una punta de la mesa, para
lo que habian levantado un poco los manteles. Vi entrar á el buen A.... Se pusó su
sombrero, se vinó acia mi, y me dixo en
voz baxa : « Estas enfadado? — Yo ? — El
« conde te ha dado á entender que salieses
« de la sala. — Que el diablo se la lleve :
« yo sali por tomar el ayre. — Haces bien
« en tomar las cosas, por un buen lado : lo
« que yo siento es que ya se ha hecho pu-
« blico. » Entonces fué quando realmente
me senti picado. Todos los que venian á po-

me fixoient, je croyois qu'ils pensoient à mon aventure; ce qui commença à me mettre de mauvaise humeur.

Et lorsque aujourd'hui l'on me plaint partout où je vais, lorsque j'apprends que tous mes rivaux triomphent, et disent qu'on voit par là ce qui arrive à ces présomptueux qui s'éblouissent de leurs talents, et qui croient pouvoir se mettre au-dessus de toutes considérations, et autres sottises semblables; alors on se donneroit volontiers un coup de couteau dans le cœur. Qu'on dise ce qu'on voudra de la modération; je voudrois voir celui qui peut souffrir que des gredins glosent sur son compte, lorsqu'ils ont sur lui quelque prise. Quand leurs propos sont sans fondement, ah! l'on peu' alors ne pas s'en mettre en peine.

LETTRE XLVI.

Le 16 mars.

Tout conspire contre moi. J'ai rencontré aujourd'hui mademoiselle B... dans l'allée. Je n'ai pu me retenir de lui parler, et, dès

nerse á la mesa, y que me miraban con alguna atencion, me parecia que pensaban en mi aventura, lo que comenzó á ponerme de mal humor.

Y quando ahora me dicen en todas las casas á donde voy, que me tienen lastima, quando llego á saber que todos mis rivales triumfan, y dicen que asi se ve, lo que sucede á los presuntuosos que se deslumbran con sus talentos, y que creen poderse elevar sobre todas las consideraciones, y otras mil tonterias semejantes; entonces se daria uno de buena gana una puñalada en el corazon. Digan lo que digan de la moderacion; yo querria saber quien es el que puede sufrir que se murmure de el de este modo. Quando estas palabras no tienen fundamento alguno, se pueden seguramente despreciar.

CARTA XLVI.

16 de marzo.

Todo conspira contra mi. He encontrado hoy á la señorita B.... en el paseo. Yo no he podido detenerme en hablarla; y de que

que nous nous sommes trouvés un peu éloignés de la compagnie, de lui témoigner combien j'étois sensible à la conduite extraordinaire qu'elle avoit tenue l'autre jour avec moi. « O Werther ! m'a-t-elle dit d'un « ton pénétré, avez-vous pu, connoissant « mon cœur, interpréter ainsi mon trouble ? « Que n'ai-je pas souffert pour vous depuis « l'instant que j'entrai dans le salon ? Je « prévis tout ; cent fois j'eus la bouche ou- « verte pour vous le dire. Je savois que la « de S.... et la de T.... romproient plutôt « avec leurs maris, que de rester en com- « pagnie avec vous ; je savois que le comte « n'ose pas se brouiller avec elles ; et puis « tout ce train ! » Comment ! mademoiselle, lui ai-je dit en cachant ma frayeur ; car tout ce qu'Adelin m'avoit dit avant-hier me couroit dans ce moment par toutes les veines, comme une eau bouillante. « Combien « cela m'a déjà coûté ! » a dit cette douce créature, les larmes aux yeux. Je n'étois plus maître de moi-même, et j'étois sur le point de me jeter à ses pieds. « Expliquez-vous, » me suis-je écrié. Ses larmes ont coulé le long de ses joues ; j'étois hors de moi. Elle les a essuyées sans vouloir les cacher. « Ma tante, « vous la connoissez, a-t-elle dit, elle étoit

nós hallamos un poco distante de la compañia, la di á entender quan sensible me era la conducta extraordinaria que ella habia tenido conmigo el otro dia. « O Werther! « me dixó en el tono de la mayor ternura « habeis podido conociendo mi corazon, in- « terpretar mi turbacion de ese modo? Quan- « to no he sufrido por vos desde el instante « que entré en el salon? Todo lo prevei : « cien veces tubé la boca abierta para de- « ciroslo. Yo sabia que la de S.... y la de « T.... se pelearian antes con sus maridos, « que de quedarse en compañia con vos : « tambien sabia yo que el conde no se atreve « á romper con ellas; y despues todo aquel « alboroto! » — Como! señorita! la dixé yo disimulando toda mi inquietud; porque me acordaba de lo que Adelino me habia dicho el dia antes, y la sangre me herbia en las venas. — « Quanto me ha costado todo esto! » dixó aquella bella criatura con los ojos bañados en lagrimas. Nó era yo ya dueño de mi mismo, y iba á arrojarme á sus pies. « Explicaros, » dixe yo. Sus lagrimas bañaron sus mexillas : yo estaba fuera de mi. Ella las limpiaba, sin cuidarse de ocultarmelas. « Mi tia, que ya conoceis, me dixó; « estaba presente, y ella ha visto, ah! con

« présente; et elle a vu, ah! avec quels
« yeux elle a vu cette scène! Werther, j'ai
« essuyé hier au soir, et ce matin, un sermon
« sur ma liaison avec vous; et il m'a fallu
« vous entendre ravaler, humilier, sans pou-
« voir, sans oser vous défendre qu'à demi. »

Chaque mot qu'elle prononçoit étoit un coup de poignard pour mon cœur. Elle ne sentoit pas quel acte de compassion c'eût été de me taire tout cela. Elle ajoutoit, de plus, tout ce qu'on en disoit encore, et quel triomphe ce seroit pour les gens les plus dignes de mépris. Comme on chanteroit partout que mon orgueil, et le peu de cas que je faisois des autres, et qu'ils me reprochoient depuis long-temps, étoient enfin punis et abaissés!

Entendre tout cela de sa bouche, Guillaume, prononcé d'une voix si compatissante! J'étois atterré, et j'en ai encore la rage dans le cœur. Je voudrois que quelqu'un s'avisât de me parler, pour que je pusse lui passer mon épée au travers du corps. Si je voyois du sang, je serois plus tranquille. Hélas! j'ai déjà cent fois saisi un couteau pour faire cesser l'oppression de mon cœur. L'on parle d'une noble race de che-

« que ojos ella ha visto esta escena ! Werther, yo he tenido que sufrir ayer tarde, « y áun hoy mismo un sermon sobre el trato « que con vos tengo algunas veces; y me ha « sido forzoso oir como os abatian, humil- « laban, sin poder, sin atreverme á defenderos mas que á medias. »

Cada palabra que ella profería era una estocada para mi corazon. No conocia que hubiera sido un acto de piedad, el ocultarme todas estas cosas. Seguia añadiendo ademas, quanto dirian áun, y quan gran triunfo sería para las gentes mas dignas de desprecio; las que por todas partes extenderian que mi orgullo y el poco caso que yo hacia de los demas, y que tanto tiempo hace me hechaban en cara, habian sido enfin castigados y abatidos.

Oir todo esto de su boca, y con una voz tan lastimera, tan compadecida ! Estaba abatido, y la rabia arde áun en mi corazon. Querria que se le antojase á alguno el hablarme, para atravesarle de parte á parte con mi espada. Me sosegaria, si viese correr la sangre. Ah! mas de cien veces he cogido un cuchillo para acabar con la opresion de mi corazon. Se habla de una noble raza de

vaux qui, quand ils sont échauffés et surmenés, s'ouvrent eux-mêmes, par instinct, une veine, pour se faciliter la respiration. Je me trouve souvent dans le même cas; je voudrois m'ouvrir une veine qui me procurât la liberté éternelle.

LETTRE XLVII.

Le 24 mars.

J'AI demandé ma démission à la cour, et j'espère que je l'obtiendrai; et vous me pardonnerez si je ne vous ai pas préalablement demandé votre permission. Tôt ou tard il falloit que je partisse; et je sais tout ce que vous auriez pu dire pour me persuader de rester : ainsi.... tâche de faire avaler cette pillule à ma mère. Je ne saurois m'aider moi-même; elle ne doit donc pas murmurer si je ne puis l'aider. Cela doit sans doute lui faire de la peine : voir son fils s'arrêter tout à coup dans la carrière brillante qui le conduisoit droit aux grades de conseiller d'état et d'ambassadeur, et retourner honteusement sur ses pas. Faites tout ce que vous voudrez, combinez tous les cas possibles où

caballos, que quando estan calurosos se abren ellos mismos una vena para desahogarse. Muchas veces me hallo yo en el mismo caso: querria abrirme una vena que me procurase una libertad eterna.

CARTA XLVII.

24 de marzo.

He pedido mi demision á la corte, y creo que la lograré: y vos me perdonareis si no os he pedido antes permiso para ello. Tarde ó temprano hubierá sido forzoso hacerlo, yo se quanto hubierais podido decirme para persuadirme á quedar: asi pues.... os pido que procureis hacer tragar la pildora á mi madre. Como yo no puedo favorecerme en nada, no tiene que extrañar si tampoco puedo favorecerla. Sin duda que esto la dará mucha pena. Ver á su hijo detenerse de repente en la brillante carrera que le conducia derechamente á los grados de consejero de estado, y de embaxador, y abandonarla vergonzosamente! Haced quanto querais, combinad todos los casos posibles en que yo debia

j'aurois dû rester; il suffit que je m'en vais. Et afin que vous sachiez où, il y a ici le prince.... qui se plaît beaucoup à ma société; dès qu'il a eu entendu parler de mon dessein, il m'a prié de l'accompagner dans ses terres, et d'y passer la belle saison du printemps. J'aurai liberté entière de disposer de moi; il me l'a promis; et, comme nous nous entendons ensemble jusqu'à un certain point, je veux en courir les risques, et partir avec lui.

APOSTILLE.

Du 29 avril.

JE te remercie de tes deux lettres. Je n'y ai point fait de réponse, parce que j'ai différé d'envoyer celle-ci jusqu'à ce que j'eusse obtenu mon congé de la cour, dans la crainte que ma mère ne s'adressât au ministre, et ne me contrecarrât dans mon projet. Mais c'est une affaire faite; le congé est arrivé. Il est inutile de vous dire avec quelle répugnance on me l'a donné, et ce que m'écrivit le ministre : vous recommenceriez de nouvelles doléances. Le prince héréditaire m'a

haberme quedado. Pero basta, yo me voy.
Y para que sepais donde, os diré que el
principe.... gusta mucho de mi compañia:
quando ha oido hablar de mi intento, me
ha pedido que le acompañe á sus estados,
para pasar con el, toda la bella estacion de
la primavera. Tendré una libertad entera de
disponer de mi : asi me lo ha prometido:
y como nos hallamos de acuerdo quasi en
todo, quiero arriesgarme, y marchar con
el.

APOSTILLA.

29 de abril.

Te agradezco tus dos cartas. No he respondido, porque he retardado el embiar esta, hasta recibir mi demision de la corte, pues temia que mi madre estorbarse mis proyectos escribiendo al ministro. Pero el negocio está concluido pues que ya ha llegado la demision. Es inutil deciros la repugnancia con que me la han dado, y lo que me ha escrito el ministro : seria haceros redoblar vuestras quejas. El principe hereditario me ha dado una gratificacion de veynte y cinco ducados

donné une gratification de vingt-cinq ducats, qu'il a accompagnés d'un mot dont j'ai été touché jusqu'aux larmes : ainsi il est inutile que ma mère m'envoie l'argent que je lui demandois dans ma dernière.

LETTRE XLVIII.

Le 15 mai.

JE pars demain d'ici ; et, comme le lieu de ma naissance n'est éloigné de ma route que de six milles, je veux le revoir, me rappeler ces anciens jours de bonheur, ces jours qui ne sont qu'une suite continuelle de songes. Je veux même y entrer par cette porte par laquelle ma mère sortit avec moi en voiture lorsque, après la mort de mon père, elle quitta ce lieu solitaire, ce séjour tranquille, pour se renfermer dans son insupportable ville. Adieu, Guillaume ; tu entendras parler de ma caravane.

diciendome palabras tan afectuosas que me han enternecido hasta hacerme derramar lagrimas. Asi pues es inutil el que mi madre me embie el dinero que la pedia en mi ultima carta.

CARTA XLVIII.

15 de mayo.

Mañana marcho de aqui : y como el lugar en que naci no dista mas que seis millas de mi camino, quiero volverlo á ver, y traer á la memoria los antiguos dias de mi felicidad, dias que no son mas que una cadena continuada de sueños. Quiero entrar por la misma puerta, por la que mi madre salió en coche conmigo, quando despues de la muerte de mi padre, salió de aquel parage solitario, de aquel parage tranquilo para encerrarse en su insoportable ciudad. Adios, Guillermo : tú oiras hablar de mi caravana.

LETTRE XLIX.

Le 16 mai.

J'AI fait mon pélerinage à mon pays natal avec toute la dévotion d'un vrai pélerin, et j'ai été saisi de mille sentiments inattendus. A ce grand tilleul qu'on trouve à une demi-lieue en-deçà de la ville après S.... je fis arrêter, descendis de voiture, et dis au postillon d'aller en avant, pour cheminer moi-même à pied, et goûter, dans toute la sensibilité de mon cœur, toute la nouveauté, toute la vivacité de chaque réminiscence. Je m'arrêtai là, sous ce tilleul qui avoit été dans mon enfance le but et le terme de mes promenades. Quelle différence! Alors, dans une heureuse ignorance, je m'élançois, par le desir, dans ce monde inconnu où j'espérois trouver pour mon cœur tout l'aliment, toute la jouissance dont je sentois si souvent la privation. Maintenant je revenois de ce monde.... O mon ami! que d'espérances déçues! que de plans renversés!... J'avois devant les yeux cette chaîne de montagnes qui avoient été si souvent l'objet de mes

CARTA XLIX.

16 de mayo.

He hecho mi romeria á mi pays natal con toda la devocion de un verdadero peregrino, y he tenido mil ideas nuevas y no aguardadas. Hizé parar mi coche junto á el gran tilo que se halla una media legua antes del pueblo, despues de S.... me apeé, y mandé al postillon que fuese delante por poder caminar yo mismo á pie, y gozar con toda la sensibilidad de mi corazon, toda la novedad, toda la viveza de cada una de las cosas, de que me fuese acordando. Me detube debaxo del tilo que en mi niñez habia sido el termino y fin de mis paseos. Que diferencia! Entonces estaba yo en una feliz ignorancia, me arrojaba, con el deseo, en este mundo que me era desconocido, en donde esperaba hallar para mi corazon todo el alimento, todo el gozo de que tantas vezes sentia verme privado. Pero ahora volvia yo ya de este mundo.... Ah! amigo mio, quantas esperanzas trastornadas, quantos planes destruidos!... Tenia delante de los ojos la cordil-

desirs. Je pouvois alors rester là assis des heures entières ; je me transportois au-delà en idée ; toute mon ame se perdoit dans ces forêts, dans ces vallées dont l'aspect riant s'offroit à mes yeux dans la vapeur du lointain.... Mais, lorsqu'il falloit me retirer à l'heure marquée, avec quelle répugnance ne quittois-je pas cet endroit charmant ! Je m'approchai davantage de la ville, je saluai les jardins et les petites maisons que je reconnoissois ; les nouvelles ne me plurent point, non plus que tous les changements projetés pour les autres. J'arrivai à la porte, et je me retrouvai encore tout entier. Mon ami, je n'entrerai dans aucun détail : quelque charme qu'eût pour moi tout ce que je vis, il ne paroîtroit qu'uniforme dans un récit. J'avois résolu de prendre mon logement sur la place, justement auprès de notre ancienne maison. En y allant, je remarquai que l'école où une honnête vieille nous rassembloit dans notre enfance, avoit été changée en une boutique. Je me rappelai l'inquiétude, les larmes, la mélancolie et les serrements de cœur que j'avois essuyés dans ce trou. Je ne faisois pas un pas qui ne fût remarquable ; un pélerin de la terre sainte trouve moins d'endroits de religieuse mé-

lera de montañas que tantas veces habian sido el objeto de mis deseos. Podia yo ahora quedarme allí sentado horas enteras : me transportaba en la imaginacion áun mas allá: mi alma parecia vagar, y como perderse en aquellos bosques, en aquellos valles cuyo aspecto risueño se ofrecia á mi vista en los lejanos vapores... Pero quando era preciso retirarme á la hora señalada, con quanta repugnancia no dexaba yo estos deliciosos parajes! Yo me acercaba áun mas al pueblo, saludaba á los jardines y á las casas que reconocia de nuevo. Las que se habian edificado despues de mi venida, no me agradaron, ni las inovaciones que se proyectaban en las demas. Llegué á la puerta, y entonces sí que me reconoci enteramente. Amigo mio, no entraré en ningun detalle : por muy grande que haya sido el placer que yo experimenté, seria pesado y uniforme en una relacion. Habia dispuesto alojarme en la plaza, precisamente al lado de mi casa antigua. Observé de paso que la escuela en que una buena vieja nos reunia quando niños, se habia mudado en una tienda. Me acordé de la inquietud, de las lagrimas, de la melancolia, y de la afliccion de corazon que yo habia sufrido en aquella especie de agujero.

moire, et son ame n'est peut-être pas aussi remplie de saintes affections.... En un mot, je descendis la rivière jusqu'à une certaine métairie où j'allois aussi fort souvent autrefois, et qui étoit un petit endroit où nous autres enfants faisions des ricochets à qui mieux mieux. Je me rappelle si bien comme je m'arrêtois quelquefois à regarder couler l'eau! avec quelles singulières conjectures j'en suivois le cours! les idées merveilleuses que je me faisois des régions où elle parvenoit! comme mon imagination se trouvoit bientôt atterrée, quoique je connusse bien que cette eau devoit aller plus loin, puis plus loin encore, jusqu'à ce qu'enfin je me perdois dans la contemplation d'un éloignement inaccessible à la vue! Vois-tu, mon ami, ce sentiment est déchu des superbes anciens. Quand Ulysse parle de la mer immense, de la terre infinie, cela n'est-il pas plus vrai, plus proportionné à l'homme, plus sensible, que quand un écolier se croit aujourd'hui un prodige de science lorsqu'il peut répéter qu'elle est ronde?

No daba un paso que no mereciese contemplacion : un peregrino que va á la tierra santa halla menos parages que interesen su devocion, y tal vez su alma no goza de tan santos afectos.... En una palabra, baxé por la orilla del rio adelante hasta una alqueria en donde en otro tiempo yba yo muy á menudo, parage reducido en donde los muchachos nos divertiamos en tirar piedras sobre el agua, á quien mas la podia hacer ringlar. Me acuerdo muy buen como yo me detenia algunas veces, á ver correr el agua: como yo seguia su corriente, formando las mas particulares conjeturas : las maravillosas ideas que yo me formaba de las regiones á donde ella iria á parar : como mi imaginacion se hallaba detenida bien pronto aunque yo comprendia muy bien que aquella agua debia ir mas lejos, y áun mas lejos, hasta que enfin yo me perdia en la contemplacion de una distancia inaccesible á la vista! Considera, amigo mio, que esta es la idea de los antiguos. Quando Ulises habla de los inmensos mares, de la tierra infinita, esto no es mas verdadero, mas proporcionado á el hombre, mas sensible, que quando un estudiante, de estos tiempos, se cree un prodigio de sabiduria, si puede llegar à repetir que es redonda?

Je suis actuellement à la maison de chasse du prince. Encore peut-on vivre avec cet homme-ci ; c'est la vérité, la simplicité même. Ce qui me fait de la peine quelquefois, c'est qu'il parle souvent de choses qu'il ne sait que par ouï-dire, ou pour les avoir lues, et cela dans le même point de vue qu'on les lui a présentées.

Une chose encore, c'est qu'il fait plus de cas de mon esprit que de mes talents ; que de ce cœur dont seul je fais vanité, et qui est seul la source de toute ma force, de mon bonheur, et de toute ma misère. Hélas! ce que je sais, chacun peut le savoir.... Mon cœur, je l'ai seul.

LETTRE L.

Le 25 mai.

J'AVOIS quelque chose en tête dont je ne voulois vous parler qu'après coup ; mais, puisqu'il n'en sera rien, je puis vous le dire actuellement. Je voulois aller à la guerre. Ce projet m'a tenu long-temps au cœur. C'a été le principal motif qui m'a engagé à

Estoy actualmente en la cazeria del principe. Realmente, se puede vivir con este hombre : es la verdad, la sencillez misma. Lo que algunas veces me incomoda es que habla bien á menudo de cosas que solo conoce por haber oido hablar de ellas, ó por haberlo leido, y del mismo modo, y en los mismos terminos que se lo han dicho.

Aun mas, y es que hace mas caso de mi talento, y de mis luces, que de este corazon que forma el unico motivo de mi vanidad, y que es por si solo la fuente de todo, de toda mi fuerza, de toda mi felicidad, de toda mi miseria. Ah! lo que yo sé, qualquiera lo puede saber.... Mi corazon, yo solo lo tengo.

CARTA L.

25 de mayo.

Tenia alguna cosa en mi idea, de la que nada queria hablarte hasta que se hubiese verificado; pero como he visto que no resultará nada, puedo decirtelo ahora. Queria ir á la guerra. Este proyecto me ha interesado por mucho tiempo. Ha sido seguramente el

suivre ici le prince, qui est général dans les armées de ***. Je lui ai découvert mon dessein dans une promenade; il m'en a détourné; et il y auroit eu plus de passion que de caprice à moi de ne pas me rendre à ses raisons.

LETTRE LI.

Le 11 juin.

Dis ce que tu voudras, je ne puis demeurer plus long-temps. Que faire ici ? je m'ennuie. Le prince me regarde comme son égal. Fort bien ; mais je ne suis point dans mon assiette. Et, dans le fond, nous n'avons rien de commun ensemble. C'est un homme d'esprit, mais d'un esprit tout à fait ordinaire ; sa conversation ne m'amuse pas plus que la lecture d'un livre bien écrit. Je resterai encore une huitaine de jours, puis je recommencerai mes courses vagabondes. Ce que j'ai fait de mieux ici, c'a été de dessiner. Le prince sent ; et il sentiroit encore davantage, s'il tenoit moins au ton scientifique, et s'il se renfermoit moins dans la *termino-*

motivo principal que me ha movido á seguir al principe, que es general en los exercitos de.... Le he descubierto mi designio en el paseo: pero me ha disuadido: y hubiera sido en mi áun mas pasion que capricho el no ceder á sus razones.

CARTA LI.

11 de junio.

Dime quanto quieras, pero yo no puedo permanecer áun mas tiempo aqui. Que haré? yo me fastidio. El principe me trata como si fuese igual suyo. Muy bien! pero yo estoy fuera de mi elemento. Y realmente, nada hay de igual ni de semejante entre nosotros dos. Es un hombre de talento, pero de un talento comun; su conversacion no me causa mayor plazer que un libro bien escrito. Permaneceré áun unos ocho dias, y despues comenzaré á vagamundear. Todo lo mejor que yo he hecho aqui, ha sido el dibujar. El principe conoce un poco, y conoceria áun mas, si no se encerrase tanto en la *terminologia*. Muchas veces rechino los dientes de rabia, quando, en el momento en que

logie. Maintes fois je serre les dents de dépit, lorsqu'avec une imagination échauffée, je le promène dans les champs de la nature et de l'art, et qu'il croit faire des merveilles s'il peut mal à propos fourrer dans la conversation quelque terme technique.

LETTRE LII.

Le 18 juin.

Ou je prétends aller ? Je te le dirai en confidence. Il faut que je passe encore quinze jours ici. Je me suis dit que je voulois ensuite aller visiter les mines de ***; mais, dans le fond, il n'en est rien; je ne veux que me rapprocher de Lolotte, et voilà tout. Je ris de mon propre cœur..... et je fais ce qu'il veut.

LETTRE LIII.

Du 29 juillet.

Non ! c'est bien ! tout est bien ! Moi, son époux ! O Dieu qui m'as donné le jour ! si tu m'avois préparé cette félicité, toute ma

me hallo con la imaginacion exáltada, le paseo por los dominios de la naturaleza y del arte, y el cree entonces que hace una gran maravilla, si puede interrumpirme, mal á proposito, para encaxar en la conversacion algun termino tecnico.

CARTA LII.

18 de junio.

Donde quiero yo ir? Te lo diré en confianza. Necesito pasar aun aqui unos quinze dias. Me he dicho á mi mismo que queria ir despues á ver las minas de ***; pero en la realidad no hay nada de esto: lo que yo quiero es el acercarme á Carlota, y este es todo el asunto. Me rio de mi propio corazon.... y hago quanto el quiere.

CARTA LIII.

29 de julio.

No, todo va bueno! todo va bueno! Yo, su esposo! O Dios que me has dado el ser, si me hubieses concedido esta dicha, toda

vie n'eût été qu'une adoration continuelle !
Je ne veux point plaider. Pardonne-moi ces
larmes, pardonne-moi mes inutiles desirs....
Elle, mon épouse ! Si j'avois serré dans mes
bras la plus aimable créature qui soit sous
le ciel.... Un frisson court par tout mon
corps, Guillaume, lorsqu'Albert embrasse
sa taille svelte et élégante.

Et cependant, le dirai-je ? Pourquoi non ?
Guillaume, elle eût été plus heureuse avec
moi qu'avec lui ! Oh ! ce n'est point là
l'homme capable de remplir tous les vœux
de ce cœur ; un certain défaut de sensibilité,
un défaut.... Prends-le comme tu voudras,
son cœur ne sympathise pas avec.... oh !...
avec un passage d'un livre charmant où mon
cœur et celui de Lolotte sont d'intelligence.
En mille autres occasions, lorsqu'il arrive
que le sentiment élève sa voix dans nos
cœurs, sur l'action d'un tiers, ô Guillaume !...
Il est vrai qu'il l'aime de toute son ame ; et
un pareil amour, que ne mérite-t-il pas ?

Un importun m'a interrompu. Mes larmes
sont séchées. Je suis dissipé. Adieu, cher
ami.

mi vida huviera sido una adoracion continua!
No quiero quejarme. Perdoname mis lagrimas, perdoname mis inutiles deseos.....
Ella! mi esposa! Si hubiera yo podido ceñirme en tiernos abrazos con la mas amable criatura, que hay debaxo del cielo... Guillermo, quando Alberto abraza su ligero y elegante talle, todo mi cuerpo se estremeze.

Y no obstante,... pero te lo diré?... Y porque no? Guillermo, ella habria sido mas feliz conmigo que con el? No, no es el, el hombre capaz de llenar todos los deseos de su corazon; un cierto defecto de sensibilidad, un defecto.... Tomalo como quieras, su corazon no simpatiza.... oh!.... con un paso de un excelente libro en el qual mi corazon y el de Carlota estan de acuerdo. En mil otras ocasiones en que es necesario que la sensibilidad haga oir sus acentos en nuestros corazones sobre la accion de qualquiera otra persona, ó Guillermo!..... Es verdad que el la ama con toda su alma, y que no merece este amor?

Un hombre bien insoportable ha venido á interrumpirme: mis lagrimas se han secado: me se ha disipado mi tierna afliccion. Adios, amigo querido.

LETTRE LIV.

Le 4 août.

JE ne suis pas le seul à plaindre. Tous les hommes sont frustrés de leurs espérances, trompés dans leur attente. J'ai visité ma bonne femme aux tilleuls. Son aîné courut au-devant de moi; un cri de joie qu'il poussa m'attira la mère, qui me parut fort abattue. Ses premiers mots furent: « Mon bon monsieur! hélas! mon Jean est mort. » C'étoit le plus jeune de ses garçons. Je gardois le silence. « Mon homme, dit-elle, est revenu « de la Suisse, et n'a rien rapporté; et, sans « quelques bonnes ames, il auroit été obligé « d'aller mendier. La fièvre l'avoit pris en « chemin. » Je ne pus rien lui dire; je donnai quelque chose au petit; elle me pria d'accepter quelques pommes; je le fis, et quittai ce lieu de triste mémoire.

CARTA LIV.

4 de agosto.

No soy yo solo, el que es digno de lastima. Todos los hombres se hallan frustrados en sus esperanzas, engañados en lo que aguardan. Acabo de visitar á la buena muger de los tilos. El hijo mayor salió corriendo á recibirme: un grito que dio de alegria hizo venir tambien á la madre que me parecio muy abatida. Las primeras palabras que dixo fueron: « Mi buen señor, ah! mi Juan ha « muerto. » Era el niño mas pequeño. Yo callaba. « Mi marido, continuó, ha vuelto « de la Suiza, y no ha traydo nada: y se « hubiera visto obligado á pedir una limosna, « si no hubiera sido por algunas buenas al-« mas. En el camino habia tenido unas ca-« lenturas. » No pude decirla nada: di alguna cosa á los niños: ella me pidió que recibiése unas manzanas, hize lo asi, y me separé de un parage de tan triste memoria.

4*

LETTRE LV.

Le 19 août.

En un tour de main tout change avec moi. Quelquefois un rayon de vie vient m'offrir sa foible et consolante lumière, hélas ! pour un seul instant. Quand je m'égare comme cela dans des songes, je ne puis me défendre de cette pensée : Quoi ! si Albert venoit à mourir ! tu pourrois.... oui, elle pourroit. Je cours après ce fantôme jusqu'à ce qu'il me conduise à des abymes sur le bord desquels je m'arrête, et recule en tremblant.

Quand je sors par cette porte, sur le chemin que je fis pour la première fois en voiture pour conduire Lolotte au bal, quelle différence ! Tout, tout a passé. Pas un trait dans la nature, pas un seul battement d'artère qui me rappelle le sentiment que j'éprouvai alors. Il en est de moi comme d'un esprit qui, revenant dans le château qu'il bâtit autrefois lorsqu'il étoit un prince florissant, qu'il décora de tous les ornements de la magnificence, et qu'il laissa en mou-

CARTA LV.

19 de agosto.

De un golpe se muda todo conmigo. Algunas veces una chispa de vida viene á ofrecerme su triste y consoladora luz: pero ah! por solo un instante! Quando de este modo yo me confundo entre sueños, no puedo desechar de mi esta idea. Que! si Alberto llegase á morir, tu podrias.... si, ella podria.... Corro en pos de este sombra vaga, que me arrastra á abismos, á cuya orilla yo me detengo, para huir, lleno de temor.

De que salgo por la puerta que da á el camino que yo andubé la primera vez en coche para llevar á Carlota al bayle, que diferencia! todo, todo se ha pasado. Ni una sola señal en la naturaleza, ni un solo latido de mi corazon que me haga acordar de las sensaciones que entonces yo experimentaba. Soy como la sombra de un principe que vuelve á un palacio que edificó en otro tiempo quando estaba en toda su opulencia, y que decoró con todo luxo y magnificencia, dexandolo á un hijo en quien tenia la mayo

rant à un fils plein d'espérance, le trouveroit brûlé et démoli.

LETTRE LVI.

Le 3 septembre.

QUELQUEFOIS je ne puis comprendre comment un autre peut l'aimer, ose l'aimer, quand je l'aime si uniquement, si tendrement, si parfaitement ; quand je ne connois rien, ne sais rien, ne possède rien qu'elle.

LETTRE LVII.

Le 6 septembre.

J'AI eu bien de la peine à me résoudre à quitter le petit frac bleu que j'avois lorsque je dansai pour la première fois avec Lolotte ; mais il étoit déjà tout passé : aussi m'en suis-je fait faire un autre tout pareil au premier, collet et parements ; la veste jaune de même, ainsi que le haut-de-chausse.

Cela ne me dédommagera pas tout à fait.

esperanza, y lo halla abrasado, y todo destruido.

CARTA LVI.

3 de septiembre.

A veces no puedo comprender como otro hombre puede amarla, se atreve á amarla, quando yo la amo tan unica, tan perfectamente; quando yo no conozco nada, no poseo nada sino ella.

CARTA LVII.

6 de septiembre.

Mucha pena me ha costado el resolverme á quitarme el frac azul que tenia quando baylé la primera vez con Carlota: pero ya estaba muy raído: me he hecho hacer otro enteramente semejante á el primero, con el collarin y las vueltas iguales: del mismo modo, la chupa y calzones amarillos, como los primeros.

Pero esto no me contenta áun enteramente.

Je ne sais.... Je crois qu'avec le temps il me deviendra aussi plus cher.

LETTRE LVIII.

Le 15 septembre.

ON se donneroit au diable, Guillaume, quand on voit les chiens que Dieu souffre sur la terre, et qui n'ont aucune sensibilité pour le peu qu'il y a encore qui vaille quelque chose. Tu connois ces noyers sous lesquels je me suis assis avec Lolotte chez le curé de S***, ces superbes noyers qui remplissoient mon ame du plus sensible plaisir. Quel charme ils donnoient à la cour du presbytère ! que les rameaux en étoient frais et magnifiques ! et jusqu'au souvenir des bonnes gens de curés qui les avoient plantés depuis tant d'années. Le maître d'école nous a dit bien souvent le nom de l'un d'eux, qu'il tenoit de son grand-père. Ce doit avoir été un galant homme ; et sa mémoire m'étoit toujours sacrée lorsque j'étois sous ces arbres. Oui, le maître d'école avoit hier les larmes aux yeux lorsque nous parlions ensemble sur ce qu'ils ont été abattus.... Abattus !...

No sé.... Creo que con el tiempo llegaré á quererlo aun mas.

CARTA LVIII.

15 de septiembre.

Es cosa de darse uno á quatro mil demonios, quando ve los perros que Dios sufre en el mundo, y que no muestran ningun género de sensibilidad con las pocas cosas que aun valen algo. Tu te acuerdas, sin duda alguna, de los nogales debaxo de los quales me senté yo con Carlota en casa del cura de S.... aquellos soberbios nogales que llenaban mi alma del plazer mas puro y mas vivo. Quánto no hermoseaban el patio de aquella casa! Quán frescas, quán magníficas eran sus ramas! Y hasta la memoria de los buenos curas que los habian plantado tantos años habia! El maestro de escuela nos ha dicho muchas veces el nombre de uno de ellos que lo sabia por haberlo oido decir á su abuelo. Debe haber sido un hombre excelente, y su memoria me era siempre sagrada quando yo estaba debaxo de aquellos árboles. Si, el maestro de escuela lloraba ayer quando ha-

j'enrage; et je crois que j'assassinerois le chien qui leur a donné le premier coup de hache.... Moi qui serois homme à prendre le deuil si, ayant comme cela deux arbres dans ma cour, j'en voyois un mourir de vieillesse, faut-il que je sois témoin de cela? Mon cher ami, il y a encore une chose ! Qu'est-ce que l'humanité? Tout le village murmure; et j'espère que la femme du curé verra à son beurre, à ses œufs et à la confiance, la plaie qu'elle a faite à l'endroit; car c'est elle, la femme du nouveau curé, (notre vieillard est aussi décédé.) Un squelette toujours malade, et qui a grande raison de ne prendre aucun intérêt au monde; car personne n'en prend à elle. Une sotte qui veut se donner pour savante, qui se mêle d'examiner les canons, qui travaille à la nouvelle réformation morale et critique du christianisme, et à qui les rêveries de Lavater font hausser les épaules, dont la santé est dérangée, et qui n'a en conséquence aucune joie sur la terre. Aussi il n'y avoit qu'une pareille créature qui pût faire abattre mes arbres. Vois-tu, je n'en puis pas revenir! Imagine-toi un peu, les feuilles en tombant salissent sa cour, et la rendent humide; les arbres lui interceptent le jour;

blabamos de que los habian arrancado....
Arrancado!... yo rabio, y creo que mataria al perro que ha dado el primer hachazo...
Yo que seria capaz de ponerme luto, si teniendo dos arboles como estos en mi patio, viese morir uno de viejez : menester que que yo sea testigo de estas cosas? Querido amigo, áun otra palabra. Que es pues la humanidad? Toda la aldea se queja, y la muger del cura verá, por su manteca, sus huebos, y por la confianza, el daño que ella misma se ha hecho. Porque es la muger del cura nuevo la que ha hecho este daño; pues tambien ha muerto nuestro buen anciano. Es un esqueleto que está siempre enfermo, y que tiene razon en no hacer caso del mundo, pues nadie hace caso de ella. Una tonta que quiere pasar por sabia, que quiere examinar los canones, que trabaja en la nueva reforma critica y moral del Cristianismo, y la que, enfin se encoge de hombros, quando la hablan de las opiniones de Lavater; que tiene una salud muy destruida, y á la que, de consiguiente no queda plazer alguno en la tierra. Asi pues, solo una criatura semejante podia hacer derribar mis arboles. Amigo mio, no puedo volver en mi. Ymaginate que las hojas ensucian el patio quando se

et, quand les noix sont mûres, les enfants y jettent des pierres pour les abattre; et cela affecte ses nerfs et la trouble dans ses profondes méditations, lorsqu'elle pèse et compare ensemble Kennikot, Semler et Michaélis. Lorsque je vis les gens du village, et sur-tout les anciens, si mécontents, je leur dis : « Pourquoi l'avez-vous souffert ? » Ils me répondirent : « Quand le maire veut ici, « que faire ? » Mais une chose me fait plaisir : le maire et le curé, qui vouloit aussi tirer quelque profit des caprices de sa femme, qui ne lui rendent pas sa soupe plus grasse, convinrent de partager entre eux, lorsque la chambre des domaines intervint, et leur dit : Doucement ! et vendit les arbres aux plus offrants. Ils sont à bas ! Oh ! si j'étois prince ! je ferois à la femme du curé, au maire et à la chambre.... Prince !...oui, si j'étois prince, que me feroient les arbres de mon pays ?

caen, y le humedecen; las ojas le quitan la luz; quando las nueces estan maduras, los niños tiran piedras para derrivarlas; y esto la causa conmocion de nervios y la turba en sus profundas meditaciones, quando pesa y compara entresi á Kennikot, Semler, y Micaelis. Quando vi á las gentes de la aldea tan descontentas, y especialmente á los nijos, los dixe: «Porque lo habeis sufrido?» Ellos me respondieron: «Quando el juez «lo quiere, que se ha de hacer?» Pero hay una cosa en todo esto que me ha gustado mucho, y es que el juez y el cura que querian sacar partido de los caprichos de su muger, la qual no le suele hacer el mejor caldo en la olla, se habian convenido de partir entre ellos el producto de los arboles: pero la oficina de rentas reales interviene en el asunto, y dize: Despacito, señores mios: y vende los arboles en almoneda. Estan derribados! Oh! si yo fuera principe! haria á la muger del cura, al juez, y á la oficina!... Principe!... si, si yo fuese principe, que me harian los arboles de mi pays?

LETTRE LIX.

Le 10 octobre.

QUAND je vois seulement ses yeux noirs, je suis content ! Hélas ! ce qui me chagrine, c'est qu'Albert ne paroît pas aussi heureux qu'il... l'espéroit... que je... croyois... Si... Je ne coupe pas volontiers mes phrases ; mais ici je ne saurois m'exprimer autrement.... Et il me semble que je parle assez clair.

LETTRE LX.

Le 12 octobre.

OSSIAN a pris le dessus dans mon cœur sur Homère. Quel monde que celui où cet auteur sublime me conduit ! Errer dans les plaines retentissantes de toutes parts du bruit des vents orageux qui amènent sur des nuages les esprits de ses pères à la foible lueur de la lune ! entendre de la montagne les débiles gémissements que poussent les esprits du

CARTA LIX.

10 de octubre.

Solo con ver sus ojos negros, me contento. Ah! lo que me enfada es que Alberto no parece tan feliz como... esperaba... como yo.... creya.... Si..., No es lo que mas me gusta el interrumpir mis frases; pero yo no puedo explicarme aqui de otro modo.... Y me parece que hablo bastante claro.

CARTA LX.

12 de octubre.

Mi corazon da ahora la ventaja á Ossian sobre Homero. Que mundo, aquel donde me conduce este sublime autor! Vagar en los valles que resuenan de todas partes con el ruydo de los tempestuosos vientos, que conducen sobre las nubes, y al debil resplandor de la luna, los espíritus de sus padres! Oir desde la montaña los debiles gemidos que

fond de leurs cavernes, et qui se mêlent aux rugissemens du torrent, et les lamentations que la jeune fille, monte dans les angoisses, fait auprès de quatre pierres couvertes de mousse, et à demi cachées sous l'herbe, monument de la chûte glorieuse de son bien-aimé ! Lorsque je trouve ce Barde, blanchi par les années, errant, cherchant sur la vaste étendue de la plaine les traces de ses pères, et rencontrant, hélas ! les pierres qui couvrent leurs tombeaux ; lorsqu'il tourne, en gémissant, ses yeux vers l'étoile du soir qui se cache dans les flots roulants de la mer, et que l'ame de ce héros sent revivre l'idée de ces temps où son rayon propice éclairoit encore les périls des Vaillans, et où la lune prêtoit sa lumière à leur vaisseau décoré des palmes de la victoire ; lorsque je lis sur son front sa profonde douleur, que je vois ce héros, le dernier de sa race, chanceler dans le plus triste abattement sur la tombe; comme la foible présence des ombres de ses pères est pour lui une source où il puise sans cesse la joie la plus douloureuse et la plus ravissante ! comme il fixe la terre froide et l'herbe qui la couvre, et s'écrie : « Le voya-

lanzan los espiritus desde lo hondo de sus cavernas, gemidos que se confunden con los rugidos del torrente : y las lamentaciones que la joven donzella, muerta de pena, haze al lado de quatro piedras cubiertas de muzgo, monumento del glorioso fin de su amante! Quando encuentro á el Bardo cubierto de canas, que vaga errante por la espaciosa llanura, buscando las huellas de sus antepasados, y halla, ahí, las piedras que cubren su sepulcro; quando lamando suspiros, vuelve su vista acia la estrella vespertina, que se esconde en las inquietas olas del mar, y que el alma del heroé siente renacer la idea de aquel tiempo en que sus propicios rayos alumbraban á los valientes guerreros en sus peligrosas empresas, y quando la luna iluminaba con su luz á su baxel decorado con las palmas de la victoria : quando leo en su rostro su dolor profundo : quando veo á este heroe, el ultimo de su linage, acercarse temblando, y caer abatido sobre el sepulcro : como la debil presencia de los sombras de sus antepasados es para el una fuente en donde bebe continuamente la mas dolorosa, la mas tierna alegria! como mira fixamente á la tierra, y á la yerba que la cubre, y exclama : « El viagero que me ha conocido en mi bel-

« geur qui m'a connu dans ma beauté vien-
« dra, il viendra et demandera où est le
« chantre, digne fils de Fingal ! Son pied
« foule en passant ma sépulture, et il me
« demande en vain sur la terre. » O mon
ami ! je serois homme à arracher l'épée de
quelque noble guerrier, à délivrer tout d'un
coup mon prince du tourment d'une vie qui
n'est qu'une mort lente, et à envoyer mon
ame après ce demi-dieu mis en liberté.

LETTRE LXI.

Le 19 octobre.

Hélas ! ce vide, ce vide affreux que je sens dans son sein ! je pense souvent : Si tu pouvois une fois, une seule fois, la presser contre mon cœur ! tout ce vide seroit rempli.

LETTRE LXII.

Le 26 octobre.

Oui, mon ami, je me confirme de plus en plus dans l'idée que c'est peu de chose, bien peu de chose que l'existence d'une

« leza, vendra, vendra, y preguntará á donde
« está el cantor, digno de Fingal! Sus pies
« huellan mi sepultura, y en vano me busca,
« y pregunta por mi á toda la tierra. » O amigo mio! seria yo capaz de arrancar la espada del lado de un noble guerrero, y libertar de un golpe á mi principe del tormento de una vida que no es mas que una muerte lenta, y luego hacer volar tambien á mi alma en pos de aquel semi-dios puesto en libertad.

CARTA LXI.

19 de octubre.

Ah! este vacio, este vacio espantoso que hallo en mi pecho! muchas veces pienso: Si tu pudieras una sola vez, una sola vez apretarla en tus brazos! se llenaria todo este vacio.

CARTA LXII.

26 de octubre.

Si, amigo mio, cada vez me confirmo mas y mas en la idea de que la existencia de una criatura es bien poca cosa, bien poca cosa.

créature. Une amie de Lolotte est venue la voir; je suis entré dans la chambre prochaine pour prendre un livre, et, ne pouvant pas lire, j'ai pris la plume. J'ai entendu qu'elles parloient bas : elles se contoient l'une à l'autre des choses assez indifférentes, des nouvelles de la ville; comme celle-ci étoit mariée, celle-là malade, fort malade. « Elle « a une toux sèche, disoit l'une, les joues « enfoncées, et il lui prend des foiblesses ; « je ne donnerois pas un sou de sa vie. — « Monsieur N. N. n'est pas en meilleur état, « disoit Lolotte. — Il est enflé, reprenoit « l'autre. » Et mon imagination vive me plaçoit d'abord au pied du lit de ces malheureux ; je voyois avec quelle répugnance ils tournoient le dos à la vie! comme ils.... Guillaume, mes petites femmes parloient de cela comme on parle d'ordinaire de la mort d'un étranger..... Quand je regarde autour de moi, que j'examine la chambre, et que je vois par-tout les hardes de Lolotte, ici ses boucles d'oreilles sur la table, là les écritures d'Albert, et ses meubles avec lesquels je suis à présent aussi familiarisé qu'avec ce cornet, et que je me dis en moi-même : « Vois ce que tu es à cette maison ! « Tout en tout. Honoré de tes amis, tu fais

Una amiga de Carlota ha venido á verla: yo pasé á una pieza inmediata para tomar un libro: y como no podia leer, tomé la pluma. Oí que hablaban en voz baxa: se contaban una á otra cosas indiferentes, y noticias del pueblo: como esta se habia casado, la otra estaba enferma, muy enferma. « Tiene una toz seca, decia una, los ojos « hundidos, y la dan unos desmayos: no « daria dos quartos por su vida. — El señor « N. N. no está menos de peligro. » decia Carlota. — Se ha hinchado, » replicaba la otra. Y mi viva imaginacion me trasladaba al instante á los pies de la cama de aquellos infelices; veia con la repugnancia que volvian las espaldas á la vida, como..... Guillermo, mis buenas señoras hablaban de todo esto como regularmente se habla de la muerte de un extraño..... Quando estiendo mi vista por todos lados, que recorro el quarto, y que por todas partes veo las ropas de Carlota, aqui sobre una mesa sus pendientes, allí los papeles de Alberto, y los muebles con los quales me he familiarizado ya enteramente, y que me digo en mi interior: « Mira lo que eres en esta casa! Todo, en « todo. Honrado de tus amigos, formas las « mas veces toda su complacencia; y tu co-

« souvent leur joie, et il semble à ton cœur
« qu'il ne pourroit exister sans eux; cepen-
« dant.... si tu partois, si tu t'éloignois de ce
« cercle, sentiroient-ils le vide que ta perte
« causeroit dans leur destinée? Combien de
« temps?.... » Hélas! l'homme est si périssable, que là même où il a proprement
la certitude de son existence, là où il peut
laisser la seule vraie impression de sa présence dans la mémoire, dans l'ame de ses
amis, il doit s'effacer et disparaître; et cela.... si tôt....

LETTRE LXIII.

Le 27 octobre.

JE me déchirerois le sein, je me brûlerois
la cervelle, quand je vois combien peu les
hommes trouvent de ressources les uns dans
les autres. Hélas! un autre ne me donnera
jamais l'amour, la joie, la chaleur, la volupté, que je n'ai pas par moi-même; et,
avec un cœur comblé de félicité, je ne rendrai
plus heureux un mortel froid et privé de toute
consolation.

« razon se persuade que no podria existir sin
« ellos : sin embargo.... si te marchases, si
« te alejases de este centro, conocerian ellos
« bien el vacio que tu perdida causaria en
« su estado? Quanto tiempo?... » Ah! el
hombre es tan perecedero, que aun alli mismo donde propiamente tiene la certidumbre
de su existencia, alli donde puede dejar la sola
impresion verdadera de su presencia, en la
memoria, en el alma de sus amigos, debe
borrarse, y desaparecer; y esto... tan pronto.

CARTA LXIII.

27 de octubre.

Me despedazaria el pecho, me abrasaria
los sesos, quando veo quan pocos recursos
hallan los hombres los unos en los otros. Ah!
ninguna persona me dará jamas el amor, la
alegria, el fuego, la voluptuosidad que no
tengo por mi mismo : y del mismo modo
con un corazon lleno de felicidad, no podré
yo hacer feliz, á un hombre que se halla privado de todo consuelo.

LETTRE LXIV.

Le 30 octobre.

Si je n'ai pas été cent fois sur le point de lui sauter au cou !.... Dieu sait ce qu'il en coûte de voir tant de charmes passer et repasser devant vous, sans que vous osiez y porter la main ! Et cependant le penchant naturel de l'humanité nous porte à prendre. Les enfants ne tâchent-ils pas de saisir tout ce qu'ils apperçoivent ? Et moi !.....

LETTRE LXV.

Le 3 novembre.

Dieu sait combien de fois je me mets au lit avec le desir, que dis-je ? dans l'espérance de ne plus m'éveiller; et le matin j'ouvre les yeux, je revois le soleil, et je suis méprisable. Oh ! que ne puis-je être lunatique ! que ne puis-je m'en prendre au temps, à un tiers, à une entreprise manquée ! Alors le fardeau accablant de mon chagrin ne porteroit qu'à

CARTA LXIV.

30 de octubre.

Cien veces he estado por arrojarme á sus brazos.... Dios solo sabe lo que cuesta el ver tantas gracias pasar y volver á pasar delante de uno, sin que uno se pueda atrever á tocarlas. Y sin embargo nuestra inclinacion natural nos mueve á tomar. Los niños no procuran hechar la mano á quanto ven? Y yo....

CARTA LXV.

3 de noviembre.

Solo Dios sabe quantas veces me meto en la cama con el deseo, que digo? con la esperanza de no volverme á dispertar; y por la mañana abro los ojos, vuelvo á ver el sol, y soy miserable. Ah! porque no soy lunatico! porque no puedo quejarme de el tiempo, de una otra persona, de una empresa desgraciada! Entonces el peso de la pena que

demi sur moi. Malheureux que je suis! je ne sens que trop que toute la faute en est à moi seul. — Non pas la faute! Il suffit que je porte cachée dans mon sein la source de toutes mes misères, comme j'y portois autrefois la source de toutes les béatitudes. Ne suis-je donc plus ce même homme qui nageoit autrefois dans toute la plénitude du sentiment, qui voyoit naître un paradis à chaque pas, et qui avoit un cœur capable d'embrasser dans son amour un monde entier? Et maintenant ce cœur est mort! il n'en naît plus aucun ravissement; mes yeux sont secs; et mes sens, qui ne sont plus réjouis par des larmes rafraîchissantes, sillonnent mon front des rides de la douleur. Je souffre beaucoup, car j'ai perdu tout ce qui faisoit seul la joie, le bonheur de ma vie, cette source divine et vivifiante avec laquelle je créois des mondes autour de moi. Elle est passée!... Lorsque, de ma fenêtre, je regarde au loin de la colline; que je vois comme le soleil, perçant le brouillard, la dore de ses rayons, et éclaire les tranquilles plaines, tandis que la rivière coule vers moi, en serpentant, à travers les saules dépouillés de leurs feuilles; lorsque je vois cette nature superbe ne m'offrir qu'une image froide et

me oprime, no caeria sobre mi, si no á medias. Ynfeliz de mi! demasiado conozco que toda la falta depende de mi solo. — No la falta! Basta que yo lleve oculta en mi seno la fuente de todas mis miserias, como en otro tiempo llevaba la fuente de todas las felicidades. No soy yo ya el mismo hombre que nadaba en otro tiempo en un mar de alegria, que á cada paso veia nacer un paraiso, y que tenia un corazon capaz de abrazar en su amor, un mundo entero? Y ahora ha muerto este corazon: no siente ya alegria alguna: mis ojos se han secado; y mis sentidos, privados del desahogo de las lagrimas, cubren mi rostro con las tristes señales del dolor. Sufro mucho, porque he perdido la unica cosa que me causaba alegria, la dicha de mi vida, la divina y vivificante fuerza con la qual yo solia crear nuevos mundos en mi imaginacion.... Ya pasó.... Quando desde mi ventána miro la colina á lo lejos; que veo como el sol rompiendo la niebla, la dora con sus rayos y alumbra los sosegados valles, mientras que el rio corre acia mi, retorciendose por entre los sauces que ya se han despojado de sus hojas: quando veo á esta grande y magnifica naturaleza no ofrecerme ya mas que una imagen fria y

grossière; que toute mon imagination ne peut plus puiser dans mon cœur une seule goutte de félicité, l'homme tout entier repose devant Dieu comme une source tarie et desséchée. Combien de fois ne me suis-je pas prosterné à terre, pour demander à Dieu des larmes, comme un laboureur demande de la pluie lorsqu'il voit sur sa tête un ciel d'airain, et que la terre se consume de soif autour de lui!

Mais, hélas! je le sens, Dieu n'accorde point la pluie et le beau temps à nos prières importunes; et ces temps, dont le souvenir me tourmente, pourquoi étoient-ils si heureux, sinon parce que j'attendois son esprit avec patience, et que je recevois la joie qu'il versoit sur moi avec un cœur pénétré de la plus vive reconnoissance?

LETTRE LXVI.

Le 8 novembre.

ELLE m'a reproché mes excès, hélas! d'un ton si doux! mes excès en ce que, d'un verre de vin, je me laisse quelquefois entraîner à

grosera de si misma; que toda mi imaginacion no puede sacar de mi corazon una sola gota de felicidad; y que estoy delante de mi Dios como una fuente que se ha agotado, que se ha secado interamente! Quantas veces no me he prosternado hasta el suelo, para pedir á Dios que me conceda el derramar lagrimas, como un labrador pide la lluvia, quando llevanta los ojos, y ve por todas partes el cielo sereno y despejado, y la tierra ardiendo en sed!

Pero, ah! yo lo conozco bien, Dios no concede la lluvia y el buen tiempo á nuestras importunas súplicas. Y aquellos tiempos cuya memoria me atormenta; porque eran tan felices, sino porque yo aguardaba su espiritu con paciencia, y que la alegria con que me colmaba, yo la recibia con un corazon lleno del mas vivo agradecimiento?

CARTA LXVI.

3 de noviembre.

Carlota me ha reprendido mis excesos, pero ah! en un tono tan suave! mis excesos, porque desde un vaso de vino me dexo al-

boire la bouteille. « Évitez cela, me disoit-
« elle ; pensez à Lolotte ! — Penser ! avez-
« vous besoin de me l'ordonner ? Je pense !
« je ne pense point ! Vous êtes toujours pré-
« sente à mon ame. J'étois assis aujourd'hui
« à l'endroit même où vous descendîtes der-
« nièrement de voiture. » Elle s'est mise à
parler d'autre chose, pour m'empêcher de
m'enfoncer trop avant dans cette matière. Je
ne suis plus mon maître, cher ami ! Elle fait
de moi tout ce qu'elle veut.

LETTRE LXVII.

Le 15 novembre.

Je te remercie, Guillaume, du tendre intérêt que tu prends à moi, de la bonne in-
tention qui perce dans ton conseil, et je te
prie de rester tranquille. Laisse-moi supporter toute la crise : malgré l'abattement où
je suis, j'ai encore assez de force pour aller
jusqu'au bout. Je respecte la religion, tu le
sais ; je sens que c'est un bâton pour celui
qui tombe de lassitude, un rafraîchissement
pour celui que la soif consume. Seulement....

gunas veces arrastrar á beber una botella. «Evitad esto, me dice ella: pensad en Car- «lota!—Pensar! Teneis necesidad de man- «dermelo? Pienso! no, nada pienso.... «Estais siempre presente á mi imaginacion. «Hoy estaba yo sentado en el parage mismo «en que ultimamente os apeasteis del co- «che.» Comenzó á hablar de otra cosa, para impedir el que yo no penetrase demasiado en la materia. Amigo querido, yo no soy ya dueño de mi mismo. Hace de mi quanto quiere.

CARTA LXVII.

15 de noviembre.

Te doy gracias, Guillermo querido, del cariñoso interes que tomas, de la buena intencion que se descubre en tus consejos, y te pido que vivas sosegado. Dexame sufrir todo mi mal: á pesar de lo abatido que me hallo, áun tengo fuerzas bastantes para ir hasta á el fin. Tu sabes que yo respeto la religion: sé que es un apoyo para el infeliz que cae abatido de cansancio, un refresco para el que se abrasa de sed. Solo... puede

peut-elle, doit-elle être la même pour tous ? Considère ce vaste univers : tu vois des milliers d'hommes pour qui elle ne l'a pas été, d'autres pour qui elle ne le sera jamais, soit qu'elle leur ait été annoncée ou non ; faut-il donc qu'elle le soit pour moi ? Le fils de Dieu ne dit-il pas lui-même : Ceux que mon père m'a donnés seront avec moi ? Si donc je ne lui ai pas été donné ; si le père veut me réserver pour lui, comme mon cœur me le dit, de grace, ne va pas donner à cela une fausse interprétation, et trouver un sens ironique dans ces mots innocents ; c'est mon ame toute entière que j'expose devant toi. Autrement, j'eusse aimé mieux me taire, puisque je n'aime point à parler en l'air sur tout sujet dont personne n'est mieux instruit que moi. Et n'est-ce pas le sort de l'homme de fournir la carrière de ses maux, et de boire sa coupe toute entière ? Mais si, lorsque le Dieu du ciel porta le calice à ses lèvres humaines, il lui sembla trop amer, pourquoi voudrois-je affecter plus de courage, et feindre de le trouver doux ? Et pourquoi aurois-je honte à l'instant terrible où tout mon être frémit entre l'existence et le néant ; où le passé brille comme un éclair sur le sombre abyme de l'avenir ; où tout ce qui m'envi-

ser, debe ser la misma, en todas partes? Considera este vasto universo: tu ves millares de hombres que no la conocen, otros que no la conoceran nunca, sea que se les haya anunciado, ó no: es menester que yo la conozca? El hijo de Dios no dice el mismo: « Los que mi padre me ha dado estaran con- « migo. » Pero si yo no le he sido dado: si el padre quiere reservarme para si, como mi corazon me lo dice! Hazme el favor de no dar á esta proposicion una falsa interpretacion, ni hallar un sentido ironico en estas palabras inocentes: yo no hago mas que descubrirte mi alma enteramente. Pues de otra forma, yo querria mejor callar, que hablar á el ayre sobre un asunto en el que nadie esta mas instruido que yo. Y no es la suerte del hombre el seguir la carrera de sus males, y beber el caliz enteramente? Pero si el Dios del cielo habiendo arrimado el caliz á sus labios, lo halló demasiado amargo, porque fingiré yo mas animo, y haré parecer que es dulce? Y porque tendré vergüenza en el terrible instante en que todo yo me estremezco entre la exîstencia y la nada; en donde el tiempo pasado brilla como el relampago sobre el sombrio abismo del tiempo venidero; en donde todo lo que me rodea, se

ronne s'écroule; où le monde périt avec moi? N'est-ce pas là la voix de la créature accablée, défaillante, s'abymant sans ressource au milieu des vains efforts qu'elle fait pour exprimer son désespoir! Mon Dieu! mon Dieu! pourquoi m'avez-vous abandonné? Pourrois-je rougir de cette expression? pourrois-je redouter ce moment, quand celui dont la main fait rouler les cieux, n'a pu l'éviter?

LETTRE LXVIII.

Le 21 nevembre.

ELLE ne voit pas, elle ne sent pas qu'elle prépare le poison qui nous fera périr tous les deux; et j'avale avec la plus parfaite volupté la coupe où elle me présente la mort! Que veut dire cet air de bonté avec lequel elle me regarde souvent? (souvent? non, mais quelquefois) cette complaisance avec laquelle elle reçoit une expression produite par un sentiment dont je ne suis pas le maître; cette compassion à mes souffrances, qui se peint sur son front?

Comme je me retirois hier, elle me tendit

arruina: en donde, el mundo perece conmigo? No es esta la voz de la criatura oprimida, desfallecida, abismandose sin recurso alguno, en medio de los vanos esfuerzos que hace para expresar su desesperacion?.... Dios mio! Dios mio! porque me habeis abandonado? Podré yo avergonzarme de esta expresion? Podré yo temer este ultimo instante quando aquel, cuya mano hace mover los cielos, no ha podido evitarlo?

CARTA LXVIII.

21 de noviembre.

ELLA no ve, ni conoce que prepara el veneno que nos matará á los dos : y yo bebo con el plazer mas perfecto la copa en que ella me presenta la muerte. Que quiere decir este tono de bondad con el que me mira á menudo? (á menudo! no, pero algunas veces) el agrado con que recibe una expresion nacida de un afecto que no puedo moderar? la compasion de mis desgracias, que tan bien se pinta en su rostro?

Ayer quando yo me retiraba, me presenté

la main, et me dit : « Adieu, cher Werther. » Cher Werther ! C'est la première fois qu'elle m'ait donné le nom de cher, et la joie que j'en ressentis a pénétré jusque dans mes os. Je me le répétai cent fois ; et le soir, lorsque je voulus me mettre au lit, en babillant tout seul, je me dis tout à coup : « Bonne nuit, cher Werther. » Et je ne pus ensuite m'empêcher de rire de moi-même.

LETTRE LXIX.

Le 24 novembre.

ELLE sent ce que je souffre. Son regard m'a pénétré aujourd'hui jusqu'au fond du cœur. Je l'ai trouvée seule. Je ne disois rien, et elle me regardoit fixement. Je ne voyois plus en elle cette beauté touchante, ces éclairs de génie ; tout cela étoit évanoui à mes yeux. Un regard plus puissant agissoit sur moi, regard plein de l'expression du plus tendre intérêt, de la plus douce pitié. Pourquoi n'ai-je pas osé me jeter à ses pieds ? Pourquoi n'ai-je osé l'embrasser, et lui répondre par mille baisers ? Elle a eu recours à son clavecin, et a accompagné des airs

la mano, y me dijó: « Adios, querido Wer-
« ther. » Querido Werther! Es la primera
vez que me ha dado el nombre de querido:
y la alegria que me causó penetró hasta mis
huesos. Me lo repetí cien veces : y á la noche, quando fui á acostarme, hablaba yo
solo, y de repente me digo : « Buenas noches,
« querido Werther. » Y no pudé menos de
reir de mi mismo.

CARTA LXIX.

24 de noviembre.

ELLA conoce quanto yo sufro. Sus miradas
me han penetrado hoy hasta lo mas profundo
de mi corazon. La he hallado sola. Ya no
veia en ella la interesante hermosura, la
brillantez de su talento : todo esto se habia
disipado para mis ojos. Una mirada mas po-
derosa, obraba sobre mi, mirada llena de
expresion del interes mas tierno, de la mas
dulce compasion. Porque no me he atrevido
á arrojarme á sus pies? Porque no me he
atrevido á abrazarla, y responderla con mil
besos? Ella recurrió á su clave, y se acompañó con la mas harmoniosa musica, que

harmonieux qu'elle a chantés à demi voix, mais d'une voix si douce ! Jamais ses lèvres ne m'ont paru si ravissantes : on eût dit qu'elles s'ouvroient pour recevoir les sons mélodieux à mesure qu'ils naissoient de l'instrument, et que sa bouche charmante n'en étoit que l'écho. Ah ! si je pouvois te dire cela comme je le sentois ! Je n'ai pu y tenir plus long-temps ; je me suis incliné, et j'ai dit avec serment : « Jamais je ne me hasar-« derai à vous imprimer un baiser, ô lèvres « sur lesquelles planent les esprits du ciel !... » Et cependant.... Je veux.... Hélas ! c'est comme un mur de séparation qui s'est élevé devant mon ame.... Cette béatitude.... Et puis, quand on est mort, expier ses péchés !... Péchés !

LETTRE LXX.

Le 30 novembre.

Non, jamais, jamais je ne puis revenir à moi : par-tout où je vais, je rencontre quelque apparition qui me met hors de moi-même. Aujourd'hui ! ô destin ! ô humanité !

Je vais sur les bords de l'eau à l'heure du

cantó en voz baxa, pero con tanta dulzura y suavidad! Jamas sus labios me han parecido mas divinos : se diria que se abrian para recibir los melodiosos sonidos que salian del instrumento, y que su divina boca era solo su eco. Ah! si pudiera yo decirte todo esto como lo sentia! No he podido resistir mas tiempo : me he inclinado, y he dicho con juramento : « Jamas me arriesgaré á darte « beso, ó labios, en los que reposan los es- « piritus celestiales!... » Y sin embargo... yo quiero.... Ah! es como una muralla de separacion que se ha levantado delante de mi alma.... Esta beatitud.... Y despues quando uno ha muerto purgar sus pecados!... Pecados!....

CARTA LXX.

30 de noviembre.

No, jamas, jamas volveré en mi : á qualquiera parte que vaya me se aparece algo que me saca de juicio. Hoy mismo, ó suerte! ó humanidad!

A cosa del medio dia yo me paseaba por

midi; je n'avois aucune envie de manger.
Tout étoit désert; un vent d'ouest, froid et
humide, souffloit de la montagne, et des
nuages gris et pluvieux couvroient la vallée.
J'apperçois de loin un homme vêtu d'un
méchant justaucorps, qui marchoit courbé
entre les rochers, et paroissoit chercher des
simples. Je me suis approché de lui; et, le
bruit que j'ai fait en arrivant l'ayant fait retourner, j'ai vu une physionomie tout à fait
intéressante, dont une morne tristesse faisoit le principal trait, mais qui pourtant
n'annonçoit rien qu'une ame droite et honnête. Ses cheveux étoient relevés en deux
boucles avec des épingles, et ceux de derrière
formoient une tresse fort épaisse, qui lui descendoit sur le dos. Comme son habillement
annonçoit un homme du commun, j'ai cru
qu'il ne prendroit pas mal que je fisse attention à ce qu'il faisoit; et, en conséquence,
je lui ai demandé ce qu'il cherchoit. « Je
« cherche des fleurs, a-t-il répondu avec un
« profond soupir, et je n'en trouve point. —
« Aussi n'est-ce pas la saison, lui ai-je dit
« en riant. — Il y a tant de fleurs ! a-t-il
« reparti en descendant vers moi. Il y a dans
« mon jardin des roses et des lilas de deux
« sortes. L'une m'a été donnée par mon

la orilla del agua : no tenia yo gana de comer. Todo estaba desierto y abandonado : un viento de oeste, humedo y frio soplaba de la montaña, y el valle se cubria de nubes cenicientas y lluviosas. Descubrí á lejos un hombre vestido con una mala chupa verde, que andaba encorbado por entre las piedras, y parecia ocupado en buscar algunas yerbas. Acerqueme á el; y como volvio la cara, á el ruído que yo hice al acercarme, vi en el una fisonomia enteramente interesante, en la que se advertia mas principalmente, una tristeza profunda, pero en la que se descubria, no obstante un alma recta y honrada. Sus cabellos estaban recogidos los unos sobre la cabeza, formando dos bucles, sostenidos con alfileres; los otros formaban una trenza muy recia, que le caya sobre las espaldas. Como todo este equipage anunciaba un hombre comun, me pareció, que no se enfadaria de que yo mirase lo que hacia, y de consiguiente le pregunté que era lo que buscaba. « Busco flores, respondió lanzando « un profúndo suspiro, y no las hallo. — « Tampoco es tiempo, le respondi yo riendo. « — Hay tantas flores! replicó baxandose « acia mi. En mi jardin hay rosas y madre- « selvas de dos especies. Mi padre me dió

« père; elle poussoit comme de l'ivraie;
« voilà deux jours que je les cherche, sans
« pouvoir les trouver. Et même ici dehors
« il y a toujours des fleurs, des jaunes, des
« bleues, des rouges, et la centaurée a aussi
« une jolie petite fleur. Je n'en puis trouver
« aucune. » J'ai remarqué en lui un certain
air hagard; et, prenant un détour, je lui ai
demandé ce qu'il vouloit faire de ces fleurs.
Un souris singulier et convulsif a contracté
les traits de sa figure. « Si vous voulez ne
« point me trahir, a-t-il dit en appuyant un
« doigt sur sa bouche, je vous dirai que j'ai
« promis un bouquet à ma belle. — C'est
« fort bien. — Ah! elle a bien d'autres cho-
« ses! elle est riche. — Et pourtant elle fait
« grand cas de votre bouquet. — Oh! elle a
« des joyaux et une couronne. — Comment
« l'appelez-vous donc? — Si les états-géné-
« raux vouloient me payer, je serois un au-
« tre homme. Oui, il fut un temps où j'é-
« tois si content! Aujourd'hui, c'en est fait
« pour moi, je suis.... » Un regard humide,
qu'il a lancé vers le ciel, a tout exprimé.
« Vous étiez donc heureux? — Ah! je vou-
« drois bien l'être encore de même! J'étois
« content, gai et gaillard comme le poisson
« dans l'eau. — Henri! a crié une vieille

« una de ellas: crecia como la zizaña: hace
« ya dos dias que las busco y no puedo hal-
« larlas. Y aun aqui fuera hay siempre flores,
« amarillas, azules, encarnadas; y la cen-
« taura tiene una flor muy bonita aunque
« pequeña. No puedo hallar ninguna. » Advertí en su rostro alguna cosa como de furioso
ó espantado; y tomando un rodeo, le pregunté que era lo que queria hacer de aquellas flores. Su cara se encogió entonces enteramente con una sonrisa singular y convul-
siva. « Si me guardarais secreto, » dixó
« poniendose un dedo en la boca, os contaria
« que he prometido un ramillete á mi dama.
« — Muy bien hecho. — Oh! ella tiene mu-
« chas otras cosas. Es rica. — Y sin embargo
« hace mucho caso de vuestro ramillete? —
« Oh! tiene muchas alajas, y una corona. —
« Como se llama? — Si los estados generales
« quisieran pagarme, seria yo enteramente
« diferente de lo que soy! Si, hubo un tiempo
« en que yo estaba tan contento! Pero en el
« dia todo se acabó para mi; y soy.... » Lo
demas lo explicó con una mirada de enter-
necimiento que hechó acia el cielo. « Erais,
« pues, feliz? — Ah! aun querria serlo del
« mismo modo! Estaba yo entonces tan ale-
« gre, tan contento, tan ligero como los pe-

« femme qui venoit sur le chemin ; Henri !
« où es-tu fourré ? Nous t'avons cherché
« par-tout. Viens dîner. — Est-ce là votre
« fils ? lui ai-je demandé en m'approchant
« d'elle. Oui, c'est mon pauvre fils, a-t-elle
« répondu. Dieu m'a donné une croix lourde.
« Combien y a-t-il qu'il est dans cet état ?
« — Il n'y a que six mois qu'il est ainsi tran-
« quille. Je rends graces à Dieu que cela
« n'ait pas été plus loin. Auparavant, il a été
« dans une frénésie qui a duré une année
« entière ; et pour lors il étoit à la chaîne
« dans l'hôpital des fous. A présent il ne fait
« rien à personne ; seulement il est toujours
« occupé de rois et d'empereurs. C'étoit un
« homme doux et tranquille, qui m'aidoit
« à me nourrir, et qui avoit une fort belle
« main pour l'écriture. Tout d'un coup il de-
« vient rêveur, tombe malade d'une fièvre
« chaude, de là dans le délire ; et maintenant
« il est dans l'état où vous le voyez. S'il fal-
« loit vous raconter, Monsieur...... » J'ai
arrêté le torrent de sa narration, en lui de-
mandant quel étoit ce temps dont il faisoit
si grand récit, et où il se trouvoit si heureux
et si content ? « Le pauvre insensé, m'a-t-elle
« dit avec un sourire de pitié, veut parler du
« temps où il étoit hors de lui ; il ne cesse

« zes en el agua. — Henrique, gritó una
« buena vieja que venia acia nosotros: Hen-
« rique, donde te has escondido? Por todas
« partes te hemos buscado. Ven á comer. —
« Es este vuestro hijo? la pregunté acercan-
« dome á ella. Si, señor, es mi pobre hijo,
« respondió. » Dios me ha dado una cruz
« bien pesada. — Quanto tiempo hace que
« se halla de este modo? — Haze solos seis
« meses que está sosegado. Doy gracias á
« Dios de que el mal no ha sido mayor.
« Poco antes tubó un frenesí que duró un
« año entero; y entonces estubó á la cadena
« en el hospital de los locos. Ahora no hace
« mal á nadie, y solo se ocupa en asuntos de
« reyes y emperadores. Era un joven de un
« caracter suave y sosegado que me ayudaba
« á ganar la vida, pues tenia muy buena forma
« de letra. Pero de repente se volvio triste y
« pensativo, cayó malo de una calentura
« ardiente, y luego en el delirio, segun lo
« veis ahora. Si se os hubiese de contar, se-
« ñor... » Detubé entonces el torrente de su
narracion, preguntandola qual era el tiempo
de que tanto hablaba, y en el que estaba
tan feliz, y tan contento. « Pobre insensato!
« me dijó la vieja con una sonrisa de com-
« pasion, quiere hablar del tiempo en que

« d'en faire l'éloge. C'est le temps qu'il a
« passé aux petites-maisons, et où il n'avoit
« aucune connaissance de lui-même. » Cela
a fait sur moi l'effet d'un coup de tonnerre;
je lui ai mis une pièce d'argent dans la main,
et me suis éloigné d'elle à grands pas.

« Où tu étois heureux ! me suis-je écrié
« en marchant vite vers la ville ; où tu étois
« content comme un poisson dans l'eau !
« Dieu du ciel ! as-tu donc ordonné la des-
« tinée des hommes, de manière qu'ils ne
« soient heureux qu'avant d'arriver à l'âge
« de la raison, et après qu'ils l'ont perdue?
« Misérable! Et, pendant que je porte envie
« à ta folie, à ce désastre de tes sens dans
« lequel tu te consumes, tu sors, plein d'es-
« pérance, pour cueillir des fleurs à ta reine...
« au milieu de l'hiver,.... et tu t'affliges de
« n'en point trouver, et tu ne connois pas
« pourquoi tu n'en trouves point. Et moi...
« et moi, je sors sans espérance, sans aucun
« but, et je rentre au logis comme j'en suis
« sorti...... Tu te figures quel homme tu
« serois, si les états-généraux vouloient te
« payer. Heureuse créature, qui peut attri-
« buer la privation de ton bonheur à un obs-
« tacle terrestre ! Tu ne sens pas ! tu ne sens

« estaba fuera de juicio ; y á el que siempre
« está alabando. Es el tiempo que ha pasado
« encerrado en las gabias, quando estaba en-
« teramente fuera de si. » Estas palabras pro-
dujeron en mi el mismo efecto que un rayo;
dila algunas monedas, y me alejé de alli á
paso apresurado.

« Donde eras feliz! me decía yo, mar-
« chando de priesa acia el pueblo, donde
« estabas contento como el pez en el agua !
« Dios del cielo ! has dispuesto la suerte de
« los hombres de modo que no puedan ser
« felices, sino antes de llegar á la edad de
« la razon, ó despues de que la han perdido ?
« Ynfeliz ! Y mientras que yo embidio la
« locura, el desorden de sentidos en que te
« consumes, tu sales, lleno de esperanza para
« coger flores para tu reyna !... en medio
« del invierno !... y tu te afliges porque no
« las encuentras ! y no sabes, porque no las
« hallas ! Y yo... y yo, salgo sin esperanza,
« sin fin alguno, y vuelvo á mi casa como
« salí.... Tu te figuras lo que serias, si los
« estados generales te pagasen ! Feliz cria-
« tura que puedes atribuir la privacion de tu
« felicidad á un obstaculo terrestre ! Tu no

« pas que c'est dans le trouble de ton cœur,
« dans ton cerveau détraqué que gît ta mi-
« sère, dont tous les rois de la terre ne sau-
« roient te délivrer ! »

Puisse celui-là mourir dans le désespoir, qui se rit d'un malade qui fait un long voyage pour aller chercher des eaux minérales éloignées, qui augmenteront sa maladie et rendront la fin de sa vie plus douloureuse ! qui s'élève au-dessus de cet homme dont le cœur est serré par des remords, et qui, pour s'en délivrer et mettre fin aux souffrances de son ame, entreprend le voyage du Saint-Sépulcre ! Chaque pas que son pied trace sur le chemin raboteux, est un trait de consolation pour son ame oppressée ; et, à chaque jour de marche, il se couche, le cœur soulagé d'une partie du fardeau qui l'accable.... Et vous osez appeler cela rêveries, vous autres bavards, qui couchez mollement sur des coussins ! Rêveries !... O Dieu ! tu vois mes larmes... Falloit-il, après avoir formé l'homme si pauvre, lui donner des frères qui le pillent encore dans sa pauvreté, et lui dérobent ce peu de confiance qu'il a en toi, en toi qui chéris toutes créatures ! En effet, sa confiance en une racine salutaire, dans les pleurs de la vigne, qu'est-ce, sinon la

« conoces! tu no conoces que tu miseria nace
« de la turbacion de tus sentidos, del desor-
« den de tu cabeza, del qual no podran liber-
« tarte los reyes de la tierra. »

Que muera desesperado aquel que se rie de un enfermo que hace un viage largo para ir á buscar aguas minerales que estan muy distantes, y cuyo efecto será el de aumentar su enfermedad, y de hacer mas doloroso el fin de su vida! que critíca á el hombre cuyo corazon está lleno de remordimientos, y el qual, por libertarse, y por poner fin á los tormentos de su alma, emprende el viage á el Santo Sepulcro. Cada paso que da en el camino es un rayo de consuelo para su alma oprimida, y cada dia se acuesta sintiendose aliviado de una parte del peso que le oprime.... Y vosotros llamais á esto sueños ó locuras, vosotros habladores, que estais blandamente acostados sobre ricos almoadones! Locuras!.... O Dios! tu ves mis lagrimas.... Era necesario, despues de haber formado á el hombre tan pobre, darle hermanos que le roban áun en medio de su pobreza, y le quitan la confianza que tiene en ti, en ti que amas todas las criaturas? En efecto, su confianza en una raiz saludable, en las lagrimas de la viña, que otra cosa es,

confiance en toi ; qui a mis dans tout ce qui nous environne la guérison et le soulagement dont nous avons besoin à toute heure ? O père que je ne connois pas ! père qui remplissois autrefois toute mon ame, et qui as depuis détourné ta face de dessus moi ! appelle-moi vers toi ; ne garde pas plus long-temps le silence : mon ame altérée ne pourra le soutenir.... Et un homme, un père pourroit-il s'irriter de voir son fils, qu'il n'attendoit pas, lui sauter au cou, en s'écriant : « Me « voici revenu, mon père ; ne vous fâchez « point, si j'interromps un voyage que je « devois supporter plus long-temps pour vous « obéir. Le monde est le même par-tout ; « par-tout peine et travail, récompense et « plaisir : mais que me fait tout cela ? Je ne « suis bien qu'où vous êtes ; je veux souffrir « et jouir en votre présence.... Et toi, cher « père céleste, pourrois-tu repousser ton « fils ? »

sino la confianza en ti, que has puesto en todo lo que nos rodea la curacion y el alivio que á cada instante necesitamos? O padre que no conozco, padre que en otro tiempo llenaba mi alma toda entera, y que ahora has apartado tu rostro de mi! llamame acia ti! no guardes, por mas tiempo, el silencio; mi alma sedienta no podrá sostenerle.... Y un hombre, un padre podrá enfadarse de que su hijo, á quien no aguardaba, se arroje á sus brazos, exclamando: « Vedme « ya de vuelta, padre mio: no os enfadeis « si interrumpo un viage que yo debia so- « portar mucho mas tiempo áun, para obe- « deceros. El mundo es por todas partes el « mismo: por todas partes penas y trabajos, « recompensa, y placeres: pero que me im- « porta todo esto? No estoy bien, sino donde « vos estais; quiero sufrir y gozar en vuestra « presencia.... » Y tu, padre celeste, podras alejar de ti, á tu hijo?

LETTRE LXXI.

Le premier décembre.

GUILLAUME! cet homme dont je t'ai écrit, cet heureux infortuné, étoit commis chez le père de Lolotte; et une malheureuse passion qu'il conçut pour elle, qu'il nourrit en secret, qu'il lui découvrit enfin, et qui le fit renvoyer de sa place, l'a rendu fou. Sens, si tu peux, sens, par ces mots pleins de sécheresse, quelle fureur a excitée en moi cette histoire lorsqu'Albert me l'a contée avec autant de sang froid que tu la lis peut-être.

LETTRE LXXII.

Le 4 décembre.

JE te prie.... vois-tu, c'est fait de moi.... Je ne saurois supporter tout cela plus long-temps. J'étois assis; elle jouoit différents airs sur son clavecin, avec toute l'expression!

CARTA LXXI.

1 de diciembre.

Guillermo, el hombre de quien te he hablado, el venturoso infeliz, era secretario del padre de Carlota; y una pasion desgraciada que sintió por ella, que conservó secretamente hasta que no pudó menos de descubrirla, lo qual fue causa de qué lo hechasen de la casa, le ha vuelto loco. Siente, si puedes, siente por estas palabras llenas de indiferencia, el furor que habrá producido en mi esta historia, quando Alberto me la ha contado con la misma indiferencia, que tu tal vez la estaras leyendo.

CARTA LXXII.

4 de diciembre.

Te pido amigo mio.... yo me hallo reducido á la mayor extremidad. No puedo sufrir mas tiempo. Yo estaba sentado á su lado; quando ella tocaba diversas sonatas en el

tout, tout !..... que dirai-je ? Sa petite sœur paroît sa poupée sur mon genou. Les larmes me sont venues aux yeux. Je me suis baissé, et j'ai apperçu son anneau de mariage : mes pleurs ont coulé..... Et tout à coup elle a passé à cet air ancien, dont la douceur a quelque chose de céleste ; tout de suite , et j'ai senti mon ame pénétrée d'un sentiment de consolation, et du souvenir de tout le passé, de tous les moments où j'avois entendu cet air, de tous les tristes intervalles remplis par la douleur, de toutes mes espérances trompées, et alors..... j'allois et venois par la chambre ; tout étoit un fardeau sous lequel mon cœur étoit étouffé. « Au nom de « Dieu ! lui ai-je dit avec l'expression la plus « vive ; au nom de Dieu ! finissez. » Elle a cessé, et m'a regardé attentivement. « Wer- « ther, m'a-t-elle dit avec un souris qui a « pénétré mon ame ; Werther, vous êtes « bien malade ; vos mets favoris vous répu- « gnent. Allez, de grace, calmez-vous. » Je me suis arraché d'auprès d'elle, et.... Dieu ! tu vois ma misère, et tu y mettras fin.

clave con la mayor expresion! Todo, todo....
qué diré? Su hermanita componia su muñeca sobre mis rodillas. Mis ojos se arrosaron en lagrimas. Baxéme un poco, y ví su anillo de novia : entonces mis lagrimas no se pudieron detener.... De repente pasó á aquella sonata antigua, cuya dulce melodia tiene algo de celestial; y de repente sentí mi alma penetrada de un sentimiento de consuelo, y de la memoria de todo lo pasado, de todos los instantes melancolicos llenos de dolor, de todas mis esperanzas desvanecidas; y entonces..... Yo iba y venia por el quarto : todo era un peso que ahogaba mi corazon. « En « nombre de Dios! la dixé con la mas viva « expresion; en nombre de Dios, os pido « que lo dexeis. » Dexó de tocar, y me miró con la mayor atencion. « Werther, me dixó « con una sonrisa que me penetró el alma; « Werther, estais muy malo; vuestros man- « jares favoritos os repugnan. Y dos, os pido « que os sosegueis. » Me arranqué, por decirlo asi, de su lado, y.... O Dios mio! tu ves mi miseria, y tu pondras fin á ella.

LETTRE LXXIII.

Le 6 décembre.

Comme cette image me poursuit ! Soit que je veille ou que je rêve, elle remplit toute mon ame. Là, quand je ferme les yeux; là, dans mon front où se réunit la force visuelle, je trouve ses yeux noirs.; là..... je ne puis te l'exprimer. Je n'ai qu'à fermer les yeux, les siens sont là; ils reposent, comme une mer, comme un abyme, devant moi, en moi ; ils remplissent toutes les facultés de mon cerveau.

Qu'est-ce que l'homme, ce demi-dieu si vanté ? Ses forces mêmes ne l'abandonnent-elles pas lorsqu'il en a le plus grand besoin ? Et, lorsqu'il prend l'essor dans la joie, ou qu'il s'enfonce dans la tristesse, ne se sent-il pas arrêté dans ces deux extrêmes ? ne se voit-il pas rappeler au sentiment froid et émoussé de son existence, quand il desireroit se perdre dans l'océan de l'infini ?

CARTA LXXIII.

6 de diciembre.

Como me persigue esta imagen! Sea que yo esté dispierto, sea quo yo esté dormido, ella llena todos mis sentidos. Aqui, quando cierro los ojos: alli, en mi frente donde se reune la fuerza visual, hallo sus ojos negros; alli... no puedo explicartelo. No tengo que hacer mas que cerrar mis ojos, para ver los suyos; reposan como un mar, como un abismo delante de mi, en mí: llenan todas las potencias de mi alma.

Que cosa es el hombre, ese semi-dios tan alabado? Sus mismas fuerzas no le abandonan, quando mas las necesita? Y quando toma el vuelo en la alegria, ó que se sepulta en la tristeza, no se siente detenido en sus extremos? No se ve atraydo á la fria y erta idea de su existencia, quando desearia perderse en el oceano del infinito?

LETTRE LXXIV.

Le 8.e décembre.

CHER Guillaume! je suis dans un état où devroient être ces malheureux qu'on croyoit obsédés par un malin esprit. Cela me prend bien souvent. Ce n'est point une angoisse, ce n'est point un désir; c'est une fureur inconnue qui m'agite intérieurement, qui me menace de déchirer mon sein, qui me serre la gorge! Malheur à moi! malheur à moi! Je m'égare au milieu des scènes nocturnes et effrayantes qu'offre cette saison ennemie des hommes.

Hier, la nuit, il me fallut sortir. J'avois ouï dire, le soir, que la rivière et tous les ruisseaux s'étoient débordés, et que, depuis Walheim, toute ma chère vallée étoit inondée. Voir les ravines sablonneuses rouler, au clair de la lune, du haut du rocher sur les champs et les prés, et les haies, et tout; la vallée couverte, dans toute son étendue, d'une mer agitée par la bruyante haleine des vents. Et, quand la lune paroissoit et repo-

CARTA LXXIV.

8 de diciembre.

Querido Guillermo, yo me hallo en el mismo estado en que debian hallarse aquellos infelices que se creian agitados por un espiritu maligno. Esto me sucede muy á menudo. No es una agonia, no es un deseo: es un furor desconocido que me agita interiormente, que amenaza de despedazarme el pecho, que me aprieta la garganta. Ynfeliz de mi! Ynfeliz de mi! Me escurrio en medio de las nocturnas y espantosas escenas que ofrece esta estacion enemiga de los hombres.

Ayer noche me fue necesario salir. Habia yo oido decir por la tarde que el rio y todos los arroyos habian salido de madre, y que todo mi querido valle, desde Wahlhenn, estaba inundado. Ver las ramblas arenosas despeñar sus aguas, á la claridad de la luna desde lo alto de las rocas, sobre los campos, los prados, los cercados, y todo el valle cubierto, de un lado á otro, de un mar agitado por el borrascoso aliento de los vientos;

soit sur les noirs nuages, et que les torrents rouloient avec bruit, en réfléchissant son image imposante et majestueuse, alors je me sentois saisi d'horreur; puis bientôt un desir.... Hélas! je me tenois debout, les bras étendus devant l'abyme; et je respirois en regardant en bas, et je me perdois dans la joie indicible que j'aurois eue à me précipiter pour terminer mes tourments et mes souffrances, à m'élancer, à bruire comme les flots. Hélas! tu n'eus pas la force de lever le pied et de finir tous mes maux.... Mon sablier n'est pas encore à sa fin..... Je le sens. O Guillaume! que je me serois dépouillé volontiers de toute ma dignité d'homme, pour pouvoir, avec ce vent impétueux, déchirer les nuages, et saisir toute la surface des ondes! Hélas! prisonniers que nous sommes! ce plaisir ne sera-t-il jamais notre partage?

Et comme je regardois tristement en bas, vers un petit endroit où je m'étois reposé sous un saule avec Lolotte, après nous être promenés par une grande chaleur, je vis qu'il étoit aussi inondé; et je reconnus à peine le saule, Guillaume. « Et ses prés, « disois-je en moi-même, et tous les environs

y quando la luna aparecia, reposandose sobre las negras nubes, y que los torrentes corrian con ruido reflexando su imagen terribile y magestuosa; entonces yo me sentia lleno de horror: despues bien pronto un deseo.... Ah! yo estaba de pie, los brazos extendidos delante del abismo, y yo respiraba mirando abaxo abaxo; y yo me perdia en la deliciosa idea que habria tenido de precipitarme para terminar mis penas, y arrojarme á correr bramando con las olas.... Pero, ah! tu no tubistes animo para levantar los pies, y acabar con todos tus males.... Pero ah! no es llegada mi hora..... Lo conozco! ó Guillermo! con quanto gusto no me habria despojado de mi dignidad de hombre, para poder, como los impetuosos vientos desgarrar las nubes, y coger la superficie de las olas! Ah! no lograremos jamas nosotros los prisioneros, este genero de placer?

Y como miré tristemente abaxo, acia un parage pequeño en donde yo me habia reposado bajo de un sauce con Carlota, despues de una calor muy grande, vi que tambien estaba inundado; y apenas pudé recónocer el sauce, Guillermo. « Y esos prados, « decia yo en mi mismo, y todos los alre-

« de la maison de chasse, comme le torrent
« doit avoir arraché, détruit nos berceaux ! »
Le rayon du passé brilla dans mon ame....
comme un prisonnier qui rêve de troupeaux,
de prairies, de charges. J'étois.... je ne
me blâme point, car j'ai le courage de mourir.... J'aurois.... je suis assis, semblable
à une vieille femme qui ramasse du bois
autour des haies, et qui demande son pain
de porte en porte, pour prolonger encore un
moment, et alléger sa triste et défaillante
existence.

LETTRE LXXV.

Le 17 décembre.

Qu'est-ce, mon cher ami ? Je suis effrayé de moi-même. L'amour que j'ai pour
elle n'est-il pas l'amour le plus saint, le plus
pur, le plus fraternel ? Ai-je jamais senti
dans mon ame un desir coupable ?.... Je
ne veux point jurer...... A présent......
songe ! Oh ! que ceux-là sentoient bien
juste, qui attribuoient ces effets opposés à
des forces étrangères ! Cette nuit..... je
tremble de te le dire..... je la tenois dans

« dedores de la cazeria, como el torrente
« debe haberlos arrancado, y nuestras bo-
« bedas! » La luz del tiempo pasado brilló
en mi alma..... como el prisionero que
sueña ganados, prados, empleos, yo estaba...
No me acuso á mi mismo, porque yo tengo
animo para morir... Yo tendria... Estoy
sentado, como una vieja que recoge algunos
pedazos de leña, alrededor de las cercas,
y que pide limosna de puerta en puerta, para
prolongar áun un instante, y aliviar su triste
y desfallecida existencia.

CARTA LXXV.

17 de diciembre.

Que es esto mi querido amigo? Estoy
espantado de mi mismo. El amor que la
tengo no es el amor mas santo, mas puro,
mas fraternal? He sentido yo jamas en mi
alma un deseo culpable?... No quiero ju-
rar.... Ahora.... Sueños! Oh! quan bien
pensaban los que atribuyan sus efectos opues-
tos y contrarios, á causas estrañas! Esta
noche.... tiemblo en decirtelo.... yo la
tenia en mis brazos, fuertemente apretada

mes bras étroitement serrée contre mon sein;
et je couvrois sa belle bouche, sa bouche
balbutiante, d'un million de baisers. Mon
œil nageoit dans l'ivresse du sien. Dieu! seroit-ce un crime que le bonheur que je goûte
encore à me rappeler avec toute la sensibilité possible ces plaisirs vifs et brûlants?
Lolotte! Lolotte!.... C'est fait de moi!...
mes sens se troublent, mes yeux sont remplis de larmes. Je ne suis bien nulle part, et
je suis bien par tout. Je ne souhaite rien, ne
desire rien. Il vaudroit mieux que je partisse.

L'ÉDITEUR AU LECTEUR.

Pour continuer l'histoire des derniers jours
remarquables de notre ami, je me trouve
obligé d'interrompre ses lettres par un récit
dont je tiens les matériaux de la bouche
même de Lolotte, d'Albert, de son domestique, et d'autres témoins.

La passion de Werther avoit peu à peu
troublé la paix entre Albert et son épouse;
celui-ci l'aimoit avec cette fidélité tranquille
d'un honnête homme, et le commerce de
douceur et d'amitié dans lequel il vivoit avec

á mi pecho, y yo cubria su hermosa boca, su boca balbuciente, de un millon de besos. Mis ojos nadaban en la embriaguez de los suyos. Dios mio! será un crimen el placer que siento áun en acordarme con toda la sensibilidad posible, de estos vivos y ardientes placeres? Carlota! Carlota! todo se ha acabado para mi!... mis sentidos se turban, mis ojos se llenan de lagrimas. En ninguna parte me hallo bien, y en todas partes me hallo. Nada quiero, nada deseo. Seria mucho mejor que yo me fuese.

EL EDITOR AL LECTOR.

PARA continuar la historia de los ultimos dias de nuestro amigo, me veo obligado á interrumpir sus cartas, con una relacion cuyos materiales me vienen de la boca misma de Carlota, de Alberto, de su criado, y de otros testigos.

La pasion de Werther habia turbado poco á poco la paz entre Alberto y su esposa. Alberto la amaba con la tranquila fidelidad de un hombre honrado; y el dulce y amistoso trato en que vivia con ella, se fue su-

elle, devint insensiblement subordonné à ses affaires. A la vérité, il ne vouloit pas s'avouer la grande différence qu'il y avoit entre les jours qu'il passoit alors, et ceux qui avoient précédé son mariage; cependant il sentoit en lui-même un certain mécontentement des attentions de Werther pour Lolotte, attentions qui devoient en effet lui paroître une entreprise sur ses droits, et une sorte de reproche tacite. Cela augmentoit la mauvaise humeur que lui causoient souvent la multiplicité, l'embarras de ses affaires, ainsi que le peu de fruit qu'il en tiroit; et, comme la situation de Werther en faisoit un compagnon assez triste depuis que les tourments de son cœur avoient consumé le reste des forces de son esprit, sa vivacité, sa pénétration, Lolotte ne pouvoit manquer d'être attaquée de la même maladie; elle tomba dans une espèce de mélancolie, où Albert crut découvrir une passion naissante pour son amant, et Werther une profonde douleur du changement qu'elle remarquoit dans la conduite de son mari. La défiance qui régnoit entre les deux amis leur rendoit réciproquement leur présence à charge. Albert évitoit d'entrer dans la chambre de sa femme lorsque Werther étoit avec elle; et celui-ci,

bordinando insensiblemente á sus negocios. Es verdad que el no quiera confesarse la grande diferencia que habia entre los dias presentes, y los que habian precedido á su casamiento: no obstante sentia en si mismo un cierto descontento de las atenciones de Werther con su esposa: atenciones que debian parecerle en efecto un atentado contra sus derechos, y una especie de acusacion tácita. Esto aumentaba el mal humor que le causaba muchas veces la multitud y la confusion de sus negocios, como tambien el poco fruto que sacaba de ellos; la situacion en que Werther se hallaba, (pues las penas de su corazon havian agotado las pocas fuerzas de su espiritu, su viveza, y su penetracion) hacian de el un compañero bastante triste. Carlota sufria igualmente el mismo mal: cayó en una especie de melancolia en la qual Alberto creyó descubrir el principio de una pasion por Werther, y este un dolor profundo de la mudanza que advertia en la conducta de su marido. La desconfianza que reynaba entre los dos amigos, les hacia su presencia mutuamente incómoda. Alberto esitaba de entrar en el quarto de su muger, quando Werther estaba con ella: y como este lo habia advertido, despues de haber

qui s'en étoit apperçu, après des efforts inutiles pour s'absenter tout à fait, saisissoit l'occasion de la voir aux heures où son mari étoit retenu par ses affaires. De là nouveau sujet de mécontentement ; les esprits s'aigrirent de plus en plus, jusqu'à ce qu'enfin Albert dit à sa femme, en termes assez secs, qu'elle devroit, au moins pour le monde, donner une autre tournure à son commerce avec Werther, et le prier de supprimer ses visites trop fréquentes.

A peu près dans le même temps, la résolution de sortir de ce monde s'étoit gravée plus profondément dans l'ame du malheureux jeune homme : c'étoit l'idée favorite dont il s'étoit toujours entretenu, sur-tout depuis qu'il s'étoit rapproché de Lolotte.

Mais ce ne devoit pas être une action précipitée et inconsidérée ; c'étoit un pas qu'il vouloit faire avec la persuasion la plus intime, et dans la plus tranquille résolution.

Ses doutes, son combat avec lui-même, se voient dans un petit billet, qui est vraisemblablement le commencement d'une lettre à Guillaume, et qui a été trouvé, sans date, parmi ses papiers.

« Sa présence, sa destinée, l'intérêt qu'elle

hecho mil inutiles esfuerzos por ausentarse enteramente, se aprovechaba de la ocasion de verla en las horas en que su marido se hallaba ocupado en sus negocios. De consiguiente, nuevos motivos de descontento; los animos se exâsperaron de mas en mas, hasta que enfin Alberto dixó á su muger, en terminos bastante secos, que por evitar la nota deberia tratar de un modo diferente con Werther, y pedirle que suprimiese sus visitas que comenzaban á hacerse demasiado freqüentes.

Por este tiempo, la resolucion de salir de este mundo se habia grabado mas profundamente en el alma del infeliz joven : era la idea favorita en que siempre se habia ocupado, sobre todo desde que habia venido á vivir nuevamente cerca de Carlota.

Pero esta accion no debia ser inconsiderada y precipitada : era un paso que queria dar movido por una fuerte é intima persuasion, y por una resolucion tranquila.

Sus dudas, sus luchas consigo mismo se ven en un billete que es verosimilmente el principio de una carta á Guillermo que se ha hallado, entre sus papeles, sin fecha alguna.

« Las ultimas lagrimas de mis ojos ex-

« prend à la mienne, expriment encore les
« dernières larmes de son cerveau.

« Lever le rideau, et passer derrière, voilà
« tout ! Pourquoi donc balancer ? pourquoi
« trembler ?.... Est-ce parce qu'on ignore
« ce qu'il y a là derrière ?.... parce qu'on
« n'en revient point ?... et que c'est le propre
« de notre esprit de se figurer le trouble et
« les ténèbres dans un état dont nous ne sa-
« vons rien de certain ? »

Il ne pouvoit oublier la mortification qu'il
avoit essuyée dans l'ambassade. Il en parloit
rarement ; mais, quand cela arrivoit, même
de la manière la plus indirecte, on s'apper-
cevoit aisément qu'il la regardoit comme
une tache ineffaçable pour son honneur, et
que cet accident lui avoit inspiré de l'aversion pour toutes les affaires et les occupations
politiques. De là il se livra tout entier à cette
manière singulière de sentir et de penser,
que nous voyons dans ses lettres, et à une
passion sans fin, qui détruisit encore ce qui
lui restoit de force et d'activité. Le commerce toujours uniforme, toujours triste,
qu'il entretenoit avec la créature aimable et
aimée dont il troubloit le repos, l'agitation
tumultueuse de ses facultés sans but, sans
perspective, le poussèrent enfin à cette action
horrible.

« presan aun su presencia, su suerte, el in-
« teres que toma en mi.

« Levantar la cortina, y pasar por detras,
« ved aqui todo lo que hay. Porque dudar?
« porque temblar? Es porque no se sabe lo
« que hay detras?... porque no se vuelve
« mas?.... es tal la naturaleza de nuestra
« alma que se figure tinieblas y confusion
« donde nada sabe de cierto? »

No podia olbidar la mortificacion que habia sufrido en la embaxada. Aunque hablaba pocas veces de ello, se observaba quando le sucedia, aunque fuese del modo mas indirecto, que miraba este lanze, como la mancha mas indeleble para su honor, y que este accidente le habia inspirado la mayor aversion á todos los negocios y ocupaciones politicas. De aqui nació, el que se abandonó enteramente á el modo tan singular de pensar que vemos en sus cartas, y á una pasion sin fin, que acabó de destruir las pocas fuerzas y la actividad que le quedaba. El trato siempre uniforme, siempre triste que mantenia con la amable y amada criatura cuyo reposo turbaba, la agitacion tumultuosa de sus potencias, sin fin, y sin objeto le conduxeron enfin á la horrible accion que vamos á ver.

LETTRE LXXVI.

Le 20 décembre.

« Grand merci, Guillaume, à ton amitié, « qui t'a si bien fait trouver le mot. Oui, « tu as raison, il vaudroit mieux pour moi « que je partisse. La proposition que tu me « fais de retourner vers vous, n'est pas tout « à fait de mon goût : au moins je voudrois « faire encore un détour, sur-tout à cause « de la gelée continuelle et du beau chemin « que nous pouvons espérer. Je suis aussi « très-content de ton dessein de venir me « chercher ; accorde-moi encore quinze « jours, et attends encore une lettre de moi « avec les arrangements ultérieurs. Il ne faut « pas cueillir le fruit avant qu'il soit mûr, et « quinze jours de plus ou de moins font beau-« coup. Quant à ma mère, dis-lui qu'elle « prie pour son fils, et que je lui demande « pardon de tous les chagrins que je lui ai « causés. C'étoit mon sort de faire le tour-« ment des personnes dont je devois faire la « joie. Adieu, mon cher ami. Que le ciel « répande sur toi toutes ses bénédictions ! « adieu. »

CARTA LXXVI.

26 de diciembre.

« Muchas gracias, Guillermo, á tu amis-
« tad por el sentido que ha dado á mis ex-
« presiones. Si, tu tienes razon seria mucho
« mejor que yo me marchase. No me agrada
« la propuesta que me haces de volver á mi
« casa; á lo menos querria dar aún algunas
« vueltas, principalmente por los continuos
« yelos, y el buen camino que podemos
« aguardar. Tambien me gusta mucho tu
« proyecto de venir á verme. Concédeme
« aún quinze dias, y espera una carta mia
« con las disposiciones posteriores. No se
« debe coger el fruto hasta que esté maduro,
« y quinze dias de mas ó de menos hacen
« mucho. En quanto á mi madre dila que
« pida á Dios por su hijo, y que yo la pido
« perdon de quantas penas la he causado. Mi
« destino ha sido el de producir penas, á
« quienes debia causar alegria. Adios, mi
« querido amigo. Que el cielo te colme de
« todas sus bendiciones! Adios. »

Ce même jour, qui étoit le dimanche avant Noël, il alla voir Lolotte sur le soir, et il la trouva seule. Elle étoit occupée à mettre en ordre quelques jouets qu'elle destinoit à ses frères et sœurs, pour présent de Noël. Il parla du plaisir qu'auroient les enfants, et des temps où l'ouverture inattendue d'une porte,[1] et l'apparition d'un arbre décoré de cierges, de sucreries et de pommes, causent les plus grands ravissements. « Vous aurez « aussi votre présent, lui dit Lolotte en ca- « chant son inquiétude sous un agréable sou- « rire ; vous aurez, si vous êtes sage, une « bougie roulée, et encore quelque chose. — « Qu'entendez-vous par être sage, s'écria-t-il ? « comment faut-il que je sois ? comment « dois-je être aimable, Lolotte ? — C'est, « dit-elle, jeudi au soir la veille de Noël ; les « enfants viendront, ainsi que mon père, et « chacun aura le sien. Vous viendrez aussi ; « mais pas plus tôt. Werther fut saisi. Je « vous en prie, continua-t-elle, c'est une

---

[1] C'est l'usage, en Allemagne, d'enfermer, la veille de Noël, un arbre chargé de petits cierges, de bonbons, etc. dans une fausse armoire, qu'on ouvre à l'instant où l'on s'y attend le moins, pour donner aux enfants le plaisir de la surprise.

WERTHER.

Este mismo dia que era el domingo de Navidad, fué á ver á Carlota por la noche, y la halló sola. Se ocupaba en arreglar varios jugetes que destinaba para sus hermanos y hermanas, para regalo de aguinaldo. Habló Werther del plazer que tendrian los muchachos, y de aquellos tiempos en que el abrirse, sin aguardarlo, una puerta [1], y el aparecerse un arbol decorado de velitas, de dulces y de frutas causa la mayor complacencia. « Tambien tendreis vos vuestro re- « galo, » le dixó Carlota procurando ocultar su inquietud baxo una sonrisa agradable. « Tendreis si os portais con juicio, una bugía « muy bonita, y aún alguna otra cosa mas. « — Que entendeis por portarse con juicio? « dixó el : como debo yo hacer? Como « tengo de ser, amable Carlota? — El jue- « ves, respondió, es la noche buena; los « niños y mi padre vendran, y cada uno « tendrá el suyo. Tambien vendreis vos, pero « no antes. » Werther quedó sorprendido.

---

[1] Hay en Alemania la costumbre de encerrar la vispera de Navidad, un arbol cargado de velitas, de dulces, etc. en un armario oculto que se abre en el instante en que menos se aguarda para causar á los niños el placer de la sorpresa.

« chose résolue ; je vous en prie au nom de
« mon repos, cela ne peut pas durer ainsi ! »
Il détourna les yeux, se mit à marcher
par la chambre en murmurant entre ses
dents : Cela ne peut pas durer ainsi ! Lolotte,
qui sentoit l'affreuse situation où ces mots
l'avoient jeté, tâcha, par mille questions
différentes, de faire diversion à ses idées.
« Non, Lolotte, s'écria-t-il, je ne vous ver-
« rai plus ? — Pourquoi cela, Werther ?
« Vous pouvez nous revoir, vous le devez
« même ; modérez-vous seulement. Oh !
« pourquoi faut-il que vous soyez né avec
« cette véhémence, avec cette passion qui
« vous attache insensiblement à tout ce dont
« vous vous êtes une fois frappé ? De grace,
« continua-t-elle en lui prenant la main,
« modérez-vous ! Quelle source d'amuse-
« ments divers ne vous offrent pas votre es-
« prit, votre savoir, vos talents ? Soyez
« homme ; défaites-vous de ce funeste atta-
« chement pour une créature qui ne peut
« rien que vous plaindre. » Il grinça les dents
en la regardant d'un œil sombre. Elle tenoit
sa main. « Un moment de sang froid, lui
« dit-elle, Werther. Ne sentez-vous pas
« que vous vous trompez, que vous vous per-
« dez volontairement ? Pourquoi donc, moi ?

« Os lo pido, continuó ella, es un negocio
« resuelto: os lo pido por mi sosiego mismo:
« esto no puede durar de este modo. » Werther volvió los ojos á otro lado, y comenzó
á andar por la sala murmurando entre dientes: « Esto no puede durar asi! » Carlota
que conoció la terrible pena que le habian
causado sus ultimas palabras, se esforzó en
distraer sus ideas con mil preguntas diferentes. « No, Carlota, no os volveré á ver mas!
« — Y porque Werther? Podeis, y áun
« debeis volvernos á ver; solo os pido que
« os sosegueis. Ah! porque habeis nacido
« con esa vehemencia, esa pasion que os fixa
« invenciblemente en todo lo que estimais?
« Por favor, os pido, siguió ella, cogien-
« dole la mano, que os modereis. Quantos
« y quan diversos placeres no os ofrecen
« vuestro ingenio, vuestra instruccion, y
« vuestro talento! Sed hombre: librados de
« esa funesta inclinacion á una muger que
« nada puede hacer sino el teneros lastima. »
Rechinó los dientes mirandola con un ayre
espantoso. Ella le tenia áun agarrado de la
mano. « Un instante de sangre fria, le dixó
« ella. No conoceis que os engañais, que os
« perdeis voluntariamente? Porque quererme á mi, Werther? á mi á quien otro

« Werther, moi, qu'un autre possède ! C'est
« justement cela ! Je crains, je crains que
« ce ne soit cette impossibilité de me pos-
« séder qui donne tant d'attrait à ce desir. »
Il retira sa main de celle de Lolotte, en la
regardant d'un air fixe et mécontent. « Sage,
« dit-il, très-sage ! Albert auroit-il, par
« hasard, fait cette remarque ? Politique,
« fort politique ! Chacun peut la faire, ré-
« pondit-elle. Et n'y auroit-il pas dans le
« monde une personne capable de remplir les
« desirs de votre cœur ? Prenez cela sur vous ;
« cherchez-la, et je vous jure que vous la
« trouverez. Et vraiment je suis fâchée pour
« vous de voir la solitude dans laquelle vous
« vous êtes relégué depuis quelque temps.
« Gagnez cela sur vous ; un voyage vous
« dissipera, et il faut que vous le fassiez.
« Cherchez, trouvez un objet digne de toute
« votre tendresse, puis revenez ; et jouissons
« ensemble du bonheur d'une vraie amitié.

« L'on pourroit faire imprimer cela, dit-il
« avec un sourire amer, et le recommander
« à tout ce qu'il y a de pédagogues. Chère
« Lolotte ! laissez-moi encore un peu de
« tranquillité, tout cela se fera. — Accordez-
» moi seulement une chose, Werther ; c'est
« de ne point venir avant la veille de Noël. »

« posee! Y precisamente es esto. Temo, te-
« mo que esta imposibilidad de poseerme,
« sea la que da tanta fuerza á este deseo. »
Apartó su mano de la de Carlota mirandola
con un ayre fixo y descontento. « Juicio,
« dixó, mucho juicio. Que bueno seria que
« Alberto hubiese hecho esta advertencia?
« Politico, muy politico. Qualquiera puede
« hacerla, respondió ella. Y no habrá en el
« mundo qualquiera otra persona capaz de
« llenar los deseos de vuestro corazon? Pen-
« sad en esto, buscadla, y os aseguro que la
« hallareis. Seguramente que me da pena
« por vos mismo el ver la soledad en que
« de algun tiempo á esta parte, os habeis
« encerrado. Vencedos: un viage os disipará,
« y es preciso que lo hagais. Buscad, hallad
« un objeto digno de toda vuestra ternura,
« y volved despues: y gozemos juntos de la
« dicha de una amistad verdadera.

« Se podria imprimir quanto acabais de
« decir, dixó Werther con una sonrisa fria,
« y encargarlo á todos los pedagogos. Que-
« rida Carlota, dejadme áun sosegar un po-
« co, y todo se arreglará. — Pero conceded-
« me una sola cosa, y es el no venir antes
« de la noche-buena. » Yba á responder

Il vouloit lui répondre, lorsqu'Albert entra. Ils se souhaitèrent le bon soir avec un froid de glace, et se mirent à marcher l'un à côté de l'autre d'un air embarrassé. Werther commença un discours qui ne signifioit rien, et qu'il termina bientôt. Albert, de son côté, interrogea son épouse sur plusieurs choses dont il l'avoit chargée; et, sur ce qu'il apprit qu'elles n'étoient pas encore faites, il lui lâcha quelques mots assez piquants, dont Werther se sentit percer le cœur. Il vouloit sortir, et ne le put : il balança ainsi jusqu'à huit heures; et, pendant tout ce temps-là, leur tristesse et la mauvaise humeur où ils étoient l'un contre l'autre s'aigrirent de plus en plus. Enfin le couvert se trouva mis; alors Werther prit sa canne et son chapeau ; et Albert, le reconduisant, lui demanda, d'un ton sec, s'il ne vouloit pas rester à souper?

Il retourna chez lui, prit la lumière des mains de son garçon qui vouloit l'éclairer, entra seul dans sa chambre, pleura, gémit, se parla à lui-même avec emportement, marcha quelque temps à grands pas, et finit par se jeter tout habillé sur son lit jusque vers onze heures, où son domestique prit sur lui d'entrer pour lui demander s'il ne vouloit pas qu'il lui tirât ses bottes. Il y consentit, et

quando entró Alberto. Se dieron las buenas noches con la mayor frialdad, y comenzaron á pasearse el uno al lado del otro, con la mayor turbacion. Werther comenzó una conversacion que no significaba nada, y la dexó bien pronto. Alberto preguntó á su muger por varios encargos que la habia hecho, y como ella respondió que áun no los habia evacuado, la encajó algunas palabras bastante picantes, que atravesaron el corazon á Werther. Queria marcharse, y no se atrevia: estubó en esta incertidumbre hasta las ocho; y en todo este tiempo la tristeza y el mal humor en que estaban el uno contra el otro se aumentaron mas y mas. Enfin los criados pusieron la mesa, Werther tomó su baston y su sombrero, y Alberto le acompañó hasta la puerta, donde le preguntó en un tono frio si queria quedarse á cenar.

Werther se fué á su casa, donde tomó la luz de manos de su criado que queria alumbrarle, entró solo en su quarto, lloró, gimió, se habló á si mismo con grande arrebato, se paseó por mucho tiempo, á pasos largos, y acabó por arrojarse vestido sobre su cama, donde le halló su criado que entró á las onze para preguntarle si queria que le quitase las botas. Consintio en ello, pero le dixó que

lui dit de ne point entrer dans sa chambre qu'il ne l'appelât.

Le lundi matin, 21 décembre, il écrivit à Lolotte la lettre suivante, qu'on trouva, après sa mort, toute cachetée sur son bureau, qu'on lui remit, et que je donnerai ici par paragraphe, selon l'ordre où les circonstances semblent indiquer qu'elle a été composée :

« C'est une chose résolue, Lolotte, je veux
« mourir ; et je te l'écris de sang froid, sans
« être transporté d'une fureur romanesque ;
« le matin du jour où je te verrai pour la
« dernière fois. A l'instant où tu liras ceci,
« ma chère, le froid tombeau recèlera les
« restes engourdis du malheureux qui ne
« connoît point, pour ses derniers moments,
« de plus grande douceur que de s'entretenir
« avec toi. O nuit affreuse ! ô nuit bienfai-
« sante que j'ai passée ! C'est cette nuit qui
« a fixé mon incertitude, qui m'a affermi
« dans ma résolution : je veux mourir. Lors-
« que je m'arrachai hier d'auprès de toi,
« comme mon cœur étoit serré ! comme je
« me sentis saisi d'un froid mortel, dans l'i-
« dée des tristes moments que je passe auprès
« de toi sans espérance ! J'eus à peine assez
« de force pour arriver jusqu'à ma chambre ;

no volviese á entrar en el quarto, sino le llamaba.

El lunes por la mañana, veynte y uno de diciembre, escribio á Carlota la carta siguiente, que se halló, despues de su muerte cerrada, sobre la mesa, y la qual se entregó á Carlota: yo la daré aqui dividida en párrafos, segun el orden ó las circunstancias parecen indicar que ha sido compuesta:

« Es cosa resuelta, Carlota, yo quiero
« morir: y te lo escribo de sangre fria sin
« dexarme llevar de un furor romanesco, la
« mañana del dia mismo en que te veré por
« la ultima vez. En el instante en que tu
« leéras esto, querida mia; la fria losa cu-
« brira el yerto cadaver de un infeliz que
« en sus ultimos instantes no conoce mas
« placer que el de hablar contigo. O noche
« espantosa! ó noche benefica, la que yo he
« pasado! Esta noche ha fixado mis dudas,
« y me ha confirmado en mi resolucion:
« quiero morir. Quando ayer yo me arran-
« qué de tu lado, quan afligido estaba mi
« corazon! como senti correr en mis venas
« un frio mortal pensando en los tristes ins-
« tantes que paso cerca de ti sin esperanza
« alguna! Apenas tubé fuerzas para llegar
« á mi quarto: me arrojé al suelo de rodil-

« je me jetai à genoux tout hors de moi ; ô
« Dieu ! tu m'accordas pour dernière conso-
« lation les larmes les plus amères ; mille
« desseins, mille projets furieux, s'entrecho-
« quèrent dans mon ame, et se terminèrent
« enfin à cette seule et dernière pensée : Je
« veux mourir. Je me couchai ; et le matin,
« dans tout le calme du réveil, je trouvai
« encore dans mon cœur cette résolution
« ferme et inébranlable : Je veux mourir !...
« Ce n'est point désespoir, c'est la certitude
« que j'ai fini ma carrière, et que je me sa-
« crifie pour toi. Oui, Lolotte, pourquoi te
« le cacher ? Il faut que l'un de nous trois
« périsse, et je veux que ce soit moi. O ma
« chère ! une idée furieuse s'est insinuée dans
« mon cœur déchiré, souvent..... de tuer
« ton époux !.... toi !.... moi !.... Ainsi
« soit-il, donc ! Lorsque, sur le soir d'un
« beau jour d'été, tu graviras la montagne,
« pense à moi alors, et souviens-toi combien
« de fois je parcourus cette vallée ; regarde
« de là vers le cimetière, et que ton œil voie
« comme le vent berce l'herbe élevée qui
« environne ma tombe éclairée par les der-
« niers rayons du soleil... J'étois calme en
« commençant ; et maintenant ces images
« m'affectent avec tant de force, que je
« pleure comme un enfant. »

« las, enteramente fuera de mi. Oh! Dios,
« tu me concediste por ultimo consuelo las
« mas amargas lagrimas: mil intentos, mil
« proyectos furiosos combatieron mi alma,
« y se terminaron enfin, en esta sola y ul-
« tima idea; yo quiero morir!.... No es
« desesperacion, es la certidumbre de que
« he acabado mi carrera, y de que me sa-
« crifico por ti. Si, Carlota, porque te lo
« he de negar? es preciso que uno de noso-
« tros tres muera, y yo quiero que sea yo.
« O querida mia! una idea furiosa ha pene-
« trado en mi despedazado corazon, muchas
« veces.... matar á tu esposo!... á ti....
« á mi.... Sea pues esto ultimo... Quando
« en las anocheceres de un hermoso dia de
« veruno tu subiras por la montaña, piensa
« entonces en mi, y acuerdate quantas veces
« yo he paseado por el valle : mira desde
« alli al cimenterio, y que tus ojos vean co-
« mo el viento mece la lozana yerba que
« rodea mi sepulcro, iluminado con los ul-
« timos rayos del sol..... Al principio de la
« carta yo estaba sosegado, y ahora estas
« ideas me afectan en tales terminos y con
« tal fuerza que lloro como un niño. »

Sur les dix heures, Werther appela son domestique; et, comme il se faisoit habiller, il lui dit qu'il alloit faire un voyage de quelques jours, qu'il n'avoit qu'à nettoyer ses habits et préparer tout pour faire ses paquets; il lui ordonna aussi de chercher partout les mémoires, de rapporter quelques livres qu'il avoit prêtés, et de payer deux mois d'avance à quelques pauvres à qui il avoit coutume de donner quelque chose toutes les semaines.

Il se fit apporter à manger dans sa chambre; et, après qu'il eut dîné, il alla chez le bailli, qu'il ne trouva pas à la maison. Il se promena dans le jardin d'un air pensif : il sembloit qu'il voulût rassembler en foule tous les souvenirs capables d'augmenter sa tristesse.

Les enfants ne le laissèrent pas long-temps en repos. Ils coururent à lui en sautant, et lui dirent que quand demain, et encore demain, et puis encore un jour seroit venu, ils recevroient de Lolotte leur présent de Noël; et, là-dessus, ils lui étalèrent toutes les merveilles que leur petite imagination leur promettoit. « Demain, s'écria-t-il, et encore demain, et puis encore un jour ! » Il les baisa tous tendrement, et alloit les quitter,

A las diez, Werther llamó á su criado; y estandose vistiendo le dixó, que iba á hacer un viage de algunos dias; y que limpiase sus vestidos, y lo arreglase todo para llenar las maletas. Le mandó tambien que buscase todos sus libros de cuenta, que recogiese las obras que habia prestado; y que pagase dos meses adelantados á varios pobres á los que acostumbraba dar alguna limosna todas las semanas.

Mandó traer la comida á su quarto; y despues de haber comido, pasó á casa del balli, á el que no halló en ella. Se paseó en el jardin, muy pensativo: parecia que queria reunir de tropel todas las ideas capazes de aumentar su tristeza.

Los niños no le dejaron mucho tiempo en sosiego. Fueron corriendo acia el, y le dixeron que quando mañana, y pasado mañana y el otro llegarian, Carlota les daria el aguinaldo: y sobre esto hablaron de quantas maravillas les prometia su imaginacion. « Ma-
« ñana! dixó, y pasado mañana, y aún otro
« dia. » Los besó á todos con la mayor ternura, ó iba á separarse de ellos quando el mas pequeño se acercó á su oido, y le dixó

lorsque le plus jeune voulut lui dire encore quelque chose à l'oreille. Il lui dit en confidence que ses grands frères avoient écrit de beaux compliments du jour de l'an; qu'ils étoient longs; qu'il y en avoit un pour le papa, un pour Albert et Lolotte, et un aussi pour M. Werther; qu'ils vouloient les présenter le matin du jour de l'an.

Cela le transporta; il leur donna à tous quelque chose, monta à cheval, les chargea de faire ses compliments, et partit les larmes aux yeux.

Vers les cinq heures il retourna au logis, recommanda à la servante d'avoir soin du feu, et de l'entretenir jusqu'à la nuit. Il dit au domestique de mettre au fond du coffre des livres et du linge blanc, et de préparer ses habits. Alors il écrivit vraisemblablement le paragraphe qui suit, de sa dernière lettre à Lolotte.

« Tu ne m'attends pas. Tu crois que j'o-
« béirai, et que je ne te verrai que la veille
« de Noël. O Lolotte! aujourd'hui, ou ja-
« mais! La veille de Noël tu tiendras ce
« papier dans ta main, tu frémiras, et tu le
« mouilleras de tes larmes; je le veux, il le
« faut! Oh! que je suis content d'avoir pris
« mon parti! »

en confianza, que los hermanos mayores habian escrito muy buenos billetes para dar los dias del año nuevo: que habia uno para el padre, otro para Alberto y Carlota, y tambien uno para Werther el qual querian presentarsele la mañana del dia de año nuevo.

Todo esto le enterneció mucho: les dio á todos alguna friolera, les encargó que diesen memorias, montó á caballo, y se marchó llorando.

Volvió á las cinco á casa, y encargó á la criada que cuidase la lumbre hasta la noche. Dixó al criado que pusiese en el suelo de su cofre algunos libros, y un poco de ropa blanca, y que cosiese los vestidos. Es verosimil que entonces fue quando escribio el párrafo siguiente de su ultima carta á Carlota.

« Tu no me aguardas. Crees que te obede« ceré, y que no iré á verte hasta la noche
« buena. O Carlota! hoy, ó nunca! La vis« pera de Navidad tu tendras en tu mano
« este papel, tu temblaras, y tu le bañaras
« en tus lagrimas; yo lo quiero, es menester
« que asi sea. Ah! quan contento estoy de
« haberme resuelto! »

Sur les six heures et demie il se rendit chez Albert, et trouva Lolotte seule, qui fut fort effrayée de sa visite. Tout en causant avec son mari, elle lui avoit dit que Werther ne viendroit point avant la veille de Noël ; là-dessus il avoit sur-le-champ fait seller son cheval, avoit pris congé d'elle, en lui disant qu'il alloit chez un intendant du voisinage, avec lequel il avoit une affaire à terminer, et il étoit parti en dépit du mauvais temps. Lolotte, qui savoit qu'il avoit différé depuis long-temps cette affaire, parce qu'elle devoit le retenir une nuit absent, ne comprit que trop bien le motif de ce délai, et elle en fut affligée dans son cœur. Elle n'avoit alors auprès d'elle aucun de ses jeunes frères ou sœurs. Seule, elle s'abandonnoit à des idées mélancoliques sur son sort passé et futur. Elle se voyoit unie pour toujours à un époux qui, au lieu du bonheur qu'il lui avoit promis, commençoit à faire le malheur de sa vie. Ses pensées se tournèrent vers Werther ; elle le blâmoit, et ne pouvoit le haïr. Un charme secret le lui avoit de plus en plus rendu cher depuis le commencement de leur connoissance ; et, après un si long-temps, après toutes les situations où ils avoient vécu ensemble, l'impression qu'il

A las seis y medias pasó á casa de Alberto, y halló á Carlota sola la que se asustó mucho con su visita. Haciendo conversacion con su marido le habia dicho que Werther no vendria antes de la noche buena: en esta inteligencia Alberto habia hecho ensillar su caballo, al instante, y al despedirse de ella, la dixó que iba á casa de un vecino con el que tenia que concluir un negocio; y habia marchado no obstante el mal tiempo. Carlota que sabia que hacia mucho tiempo que detenia este negocio, porque tenia que estar una noche fuera, comprendió muy bien el motivo de esta tardanza, y se llenó de una mayor afliccion. Estaba sentada en su triste soledad, su corazon traspasado de penas. Miraba á el tiempo pasado; se acordaba de todo su merito, de todo el amor que tenia á su esposo, el qual en lugar de la felicidad que le habia prometido comenzaba á hacerla infeliz. Acordabase de Werther. Le acusaba y no podia aborrecerle. Una inclinacion secreta habia aumentado de mas en mas su cariño desde el principio de su conocimiento: las situaciones en que habian vividos juntos, la impresion que habia hecho en su corazon no podia borrarse de el. Enfin su oprimido corazon se desahogó en lagrimas, y pasó á

avoit faite sur son cœur devoit être ineffaçable. Enfin son cœur oppressé se soulagea par des larmes. Mais comme son cœur battit lorsqu'elle entendit Werther monter l'escalier et la demander! Il n'étoit plus temps de faire dire qu'elle n'y étoit pas, et elle ne put se remettre qu'à demi de son trouble, lorsqu'il entra dans la chambre. « Vous n'avez point tenu « parole, » lui dit-elle d'abord. Sa réponse fut, qu'il n'avoit rien promis. — « Vous auriez « dû au moins m'accorder ma demande ; je « ne l'avois faite que pour le repos de l'un et « de l'autre. » En lui disant cela, elle avoit résolu en elle-même de faire prier quelques-unes de ses amies de la venir voir. Elles devoient être témoins de son entretien avec Werther ; et elle espéroit être le soir, de bonne heure, quitte de sa visite, puisqu'il seroit obligé de les reconduire chez elles. Il lui rapportoit quelques livres ; elle lui en demanda d'autres ; elle tâchoit de soutenir la conversation sur un ton général, jusqu'à l'arrivée de ses amies, lorsque la servante revint, et lui dit qu'elles s'excusoient toutes deux ; l'une, sur ce qu'elle avoit une visite importante de parents ; et l'autre, sur ce qu'elle ne se soucioit pas de s'habiller et de sortir par le mauvais temps.

el estado de una tranquila melancolía, en la que ella profundizaba mas y mas. Pero qual fue la agitacion de su corazon quando oyó á Werther subir la escalera, y preguntar por ella! Ya no era tiempo de advertir que dixesen que no estaba en casa, y apenas habia vuelto de su turbacion quando ya estaba en su quarto. La primera cosa que le dixó fue: « No me habeis cumplido la palabra. » Su respuesta fue que nada habia prometido. « — A lo menos debiais haberme concedido « lo que os habia pedido : yo lo habia dicho « por nuestro sosiego comun. » Mientras decia esto habia resuelto en su interior, de embiar á buscar algunas vecinas para que la tubiesen compañia. De este modo las hacia como testigos de su conversacion con Werther, y esperaba que por la noche se podria hallar libre de su visita, pues se veria obligado á acompañarlas á sus casas. Werther la traxó algunos libros, y ella le pidió otros de nuevo. Procuraba sostener la conversacion en un tono general hasta que llegasen algunas amigas, pero la criada volvió diciendo que las dos que habia embiado á buscar se escusaban, la una, porque tenia una visita importante de unas parientas, la otra porque hacia mal tiempo, y no queria vestirse, ni salir.

Elle resta rêveuse pendant quelques minutes, jusqu'à ce que le sentiment de son innocence s'élevât avec un noble orgueil. Elle brava les soupçons d'Albert; et la pureté de son cœur lui donna tant de confiance, qu'elle n'appela point la servante, comme elle l'avoit d'abord projeté; mais, après avoir joué quelques menuets sur son clavecin, pour se remettre, elle s'assit d'un air tranquille sur le canapé, auprès de Werther. « — N'avez- « vous rien à lire ? lui dit-elle. — Rien. — « J'ai là, dans un tiroir, votre traduction de « quelques chants d'Ossian; je ne l'ai point « encore lue, parce que j'attendois toujours « d'en entendre la lecture de votre bouche ; « mais, depuis quelque temps, vous n'êtes « plus bon à rien. » Il sourit, alla prendre ses chants, et sentit un frémissement en y portant la main : ses yeux se remplirent de larmes lorsqu'il ouvrit le cahier; il se rassit et lut :

« Étoile, compagne étincelante de la Nuit, ô toi qui, t'élançant des nuages du couchant, brilles d'un éclat si vif et si pur en traversant les cieux! que regardes-tu sur la terre? Les vents orageux se taisent ; le bruit du torrent semble s'éloigner; la mer écumante se brise

Se mantubó pensativa algunos minutos, hasta que la idea de su inocencia se elevó en su alma con un noble orgullo. Se propuso despreciar las sospechas de Alberto; y la pureza de su corazon la dió tanta confianza, que no quiso llamar á la criada como lo habia pensado al principio: pero despues de haber tocado algunos minuetes en el clave, para volver en si, se sentó con el mayor sosiego en su canapé al lado de Werther.
« — No teneis nada que leer? le dixó. —
« Nada. — Alli tengo en una gaveta vuestra
« traduccion de algunos canticos de Ossian;
« áun no la he leydo porque he aguardado
« siempre el oyrosla leer: pero hace algun
« tiempo que no soys util para nada. » Se sonrió, fué á tomar los papeles, y sintió un temblor involuntario al tomarlos en la mano. Sus ojos se arrosaron en lagrimas al abrir el quaderno; volvióse á sentar, y leyó.

« Estrella compañera de la noche, cuya frente sale brillante de entre las nubes de poniente, y que estampas tus magestuosos pasos sobre el firmamento azulado, que miras en la llanura? Callan los tempestuosos vientos del dia; parece alejarse el ruido del

doucement contre la roche silencieuse; l'on distingue le foible bourdonnement des insectes du soir. Charmante étoile, que regardes-tu ? Mais tu disparois en souriant : les vagues t'ouvrent avec joie leur sein, et s'empressent de baigner ta chevelure rayonnante. Adieu, lumière pleine de douceur ! — Que le génie d'Ossian vienne briller à ta place !

« Oui, je le sens dans toute son énergie ; c'est lui qui me présente les ombres de mes amis, tels qu'ils furent jadis rassemblés sur la colline de Lora. — Je te revois, grand Fingal, t'élevant comme une colonne de nuages au milieu de tous tes héros ! C'est vous, nobles bardes, enfants de l'harmonie, vénérable Ullin, majestueux Ryno, Alpin à la voix mélodieuse, et toi aussi, tendre et plaintive Minona. O mes amis ! comme vous êtes changés, depuis ces fêtes pompeuses de Selma, où nous nous disputions le prix du chant, semblables alors aux zéphyrs du printemps, quand ils viennent avec un doux murmure agiter tour à tour l'herbe naissante.

« Ce fut dans une de ces fêtes que nous te vîmes, céleste Minona, t'embellir encore de tes larmes et du désordre de ta chevelure

torrente; las olas se amansan y bañan blandamente los pies de la roca: las moscas nocturnas conducidas por sus ligeras alas, llenan con su susurro el silencio de los ayres. Estrella brillante que miras tu en la llanura? Pero yo te veo baxar sonriendo sobre la orilla del horizonte. Las olas se reunen gozosas á tu arrededor, y bañan tus refulgentes cabellos. Adios, estrella silenciosa; que el fuego que me anima brille en tu lugar.

« Conozco que renaze con toda su fuerza, su luz me hace ver á mis antiguos amigos reunidos sobre la colina de Lora: veo á Fingal en medio de sus heroes. Vuelvo á ver á los bardos mis rivales, al venerable Ullin, al magestuoso Ryno, á Alpin, el de la voz melodiosa, y á la tierna y acongojada Minona. O amigos mios! quan trocados estais desde los dias, en que, en las fiestas de Selma, disputabamos el premio del canto, semejantes á los zefiros de la primavera que vuelan sobre la colina, y vienen unos despues de otros, con un dulce murmullo á mezer blandamente la naciente yerba.

« En una de estas fiestas fué en la que se vió á la tierna Minona, presentarse con todas las gracias que la adornan. Sus abatidos

flottante au gré des vents. — Quelle impression ta voix touchante porta dans l'ame de ces héros ! Souvent ils avoient vu la tombe de Salgar et la sombre demeure de la blanche Colma, de cette infortunée Colma, à qui Salgar avoit promis de revenir la chercher sur la colline. La nuit descend autour d'elle ; elle se voit seule et abandonnée. Écoutez ses accents douloureux.

Colma.

« Il est nuit ! — Me voilà seule, seule et délaissée sur cette colline battue par l'orage ! J'entends gronder les vents : le torrent tombe, en mugissant, du haut du rocher ; pas une cabane pour me garantir de la pluie. Ah ! malheureuse, je suis abandonnée !

« Sors, ô lune, des nuages qui t'environnent ! Étoile de la nuit, parois ! Quelque lueur bienfaisante ne me guidera-t-elle pas vers le lieu où est mon amant ? Sans doute il se repose des fatigues de la chasse, son arc détendu à ses côtés, et ses chiens haletants autour de lui. Hélas ! il faudra donc que je passe ici la nuit, toute seule sur ce rocher ! Le bruit des torrents et des vents

ojos se cubrieron de lagrimas : las almas de los heroes se enternecieron asi que ella elevó su melodiosa voz. Habian ellos visto muchas veces el sepulcro de Salgar, y la obscura habitacion de la desgraciada Colma : Colma, á quien Salgar habia prometido que vendria á el fin del dia : pero la noche la rodea : se vé abandonada sobre la colina, y sola con su voz. Escuchemos sus tristes quejas.

Colma.

« Es ya noche : estoy abandonada sobre esta colina donde reunen las tempestades. Oygo bramar á los vientos en las cavernas de la montaña , el torrente hinchado con la lluvia ruge chocando contra las rocas. No hallo asilo alguno para guarecerme. Ah! yo estoy sola y abandonada.

« O tu luna levantate, sal del seno de las montañas. Aparecete, estrella de la noche. Alguna luz benefica no me guiará á los parages en que ahora se halle mi amante? Sin duda, que reposa en algun parage solitario, de las fatigas de la caza, su arco extendido á su lado, y sus perros jadeando á su arrededor. Ah! será pues preciso que pase la noche abandonada en esta colina!

redouble encore, et je ne puis entendre la voix de mon bien-aimé.

« Ah ! Salgar, pourquoi tardes-tu ? Salgar peut-il manquer à sa parole ? — Voilà pourtant le rocher ; voilà l'arbre et le ruisseau où tu me promis de revenir avant la fin du jour ! te serois-tu égaré ? Cruel, c'est pour toi que j'ai quitté mon père et mon frère, que j'ai fui leur orgueil ! Depuis long-temps nos familles se détestent ; mais tu le sais, ô Salgar ! si nous pouvons nous haïr !

« Vents, cessez un instant ! torrents, appaisez-vous ! laissez parvenir ma plainte jusqu'à mon ami. Salgar, Salgar, c'est moi qui t'appelle : voilà l'arbre et le rocher où ta chère Colma t'attend. Viens, viens, ne tarde donc plus !

« Enfin la lune paroît : l'onde brille au fond du vallon ; je vois blanchir la tête des rochers, et il n'est point sur leurs cimes. Aucun de ses chiens ne m'annonce sa venue. Pauvre malheureuse ! faut-il que je reste seule ici ?

« Mais qui vois-je étendu sur cette bruyère ? — seroit-ce mon amant ? seroit-ce mon

Redobla de nuevo el ruido de los torrentes y de los vientos, y áun no puedo oyr la voz de mi amante.

« Porque mi fiel Salgar tarda tanto tiempo á pesar de su promesa? Ved aqui la roca, el arbol, y el arroyo en que tu me habias prometido volver antes de la noche. Ah! mi querido Salgar, donde estas? Yo he dejado por ti á mi hermano: yo he huydo por ti de mi padre. Mucho tiempo hace que nuestras dos familias son enemigas: pero nosotros, ó mi querido Salgar! nosotros no somos enemigos!

« Vientos, cesad un instante. Torrentes amansaos para que mi amante oyga mi voz: Salgar, Salgar, yo soy la que te llamo: Salgar, aqui está el arbol, aqui está la roca, aqui te aguarda Colma: porque tardas?

« Ah! la luna sale ya: veo las olas que brillan en el valle: se descubre la cenicienta frente de las rocas, y yo no le veo en sus cimas. No veo á sus perros que van delante de el, y anuncian su venida á su amante. Y ufeliz de mi! es pues preciso que yo me quede aqui sola!

« Pero quienes son los que veo hechados entre la maleza? Seran mi hermano y mi

frère ? — ô mes amis, répondez-moi ! Dieu, quel silence ! comme il me déchire l'ame ! — Ah ! ils sont morts ! leurs épées sont teintes de sang ! O mon frère ! mon frère, pourquoi as-tu tué Salgar ? Cher Salgar, pourquoi avoir tué mon frère ? je vous aimois tant tous les deux ! Mon Salgar étoit le plus beau des mortels ; mon frère, la terreur des guerriers. Amis de mon cœur, entendez ma voix ! mais, hélas ! ils se taisent pour toujours ! leurs cœurs sont glacés, et ne battent plus sous ma main !

« Ombres chéries, répondez-moi du haut de ces rochers, du sein de la tempête ! Parlez, ne redoutez pas mon effroi ! Dites, dites-moi où est le lieu de votre repos, dans quelle grotte puis-je vous trouver ? — Hélas ! je n'entends pas leur voix plaintive ; aucune réponse ne vient à mon oreille dans les intervalles de l'orage.

« Je m'assieds seule avec ma douleur, et je vais attendre dans les larmes le retour du matin. Amis des morts, creusez leurs tombes ! mais ne la fermez pas que Colma n'y soit aussi : ma vie s'évanouit comme un songe ; que ferois-je encore sur la terre ? Je vous suis, objets de ma tendresse ; nous repose-

amante? O amigos mios! habladme. No me responden: mi alma se llena de terror. Ah! estan muertos; sus espadas estan teñidas en sangre. Ah! hermano mio, ah! hermano mio, porque has muerto á mi querido Salgar? O Salgar! porque has muerto á mi hermano? Yo os amaba á los dos! Que diré en vuestro elogio? Salgar, tu eras el mas hermoso de quantos habitan la colina. Hermano mio, tu eras terrible en el combate. O amigos mios, habladme, escuchad mi voz. Pero ah! callan, callan para siempre: sus corazones estan elados, y no palpitan.

«Sombras queridas, respondedme desde lo alto de vuestras rocas, desde lo alto de vuestras montañas: no temais el asustarme. Donde habeis ido á descansar? En que gruta os hallaré? No oygo su voz en medio de los vientos: no los oygo en el intervalo de silencio que dejan las tempestades.

«Me siento sola con mi dolor, y voy á aguardar llorando el que venga la mañana. Amigos de los muertos, elevadlos un sepulcro, pero no lo cerreis hasta que Colma entre en el. Mi vida se desvanece como un sueño. Porque me quedaré yo detras de ellos? Quiero descansar con las personas que

rons ensemble près de la source qui tombe du rocher. — Quand la nuit enveloppera la colline, mon esprit, porté sur les vents qui traversent cette bruyère, viendra déplorer la mort de mes amis. Le chasseur, en m'entendant sous sa hutte de feuillage, sera saisi d'un effroi mêlé de charme ; car mes accents seront aussi doux qu'ils m'étoient chers tous les deux.

« Ainsi chantoit Minona, fille de Thorman, et son visage se couvroit d'une aimable rougeur. Nos cœurs étoient serrés, et nos larmes couloient pour Colma.

« Ullin s'avança avec sa harpe, et nous fit entendre les chants d'Alpin. — La voix d'Alpin étoit attendrissante, et l'ame de Ryno étoit de feu ; mais alors ils dormoient déjà dans la tombe, et leur voix ne retentissoit plus dans Selma. Ullin, revenant un jour de la chasse, entendit leurs chants remplis de douceur, mais de tristesse. Ils déploroient la chûte de Morar, le premier des héros : il avoit l'ame de Fingal ; son épée étoit redoutable comme celle d'Oscar ; — mais il périt ; son père le pleura, et sa sœur répandit des torrents de larmes. Cette sœur désolée, c'étoit Minona elle-même. Aux premiers accents d'Ullin, elle s'éloigna, semblable à la

son el objeto de mi ternura, cerca del manantial que cae de la roca. Quando la noche subirá sobre la colina, yo vendré sobre las alas de los vientos, á llorar en estos parages la muerte de mis amigos : el cazador me oyrá desde su humilde cabaña, se asustará y gustará de mi voz : porque mis acentos seran dulces y tiernos quando yo lloraré dos heroes tan amados de mi corazon.

« Asi cantaba Minona, y su rostro se cubria del mas amable encarnado. Nuestros corazones se afligian, y nuestras lagrimas corrian por Colma.

« Ullin se adelantó con su harpa, y nos repitió los canticos de Alpin. La voz de Alpin era deliciosa, el alma de Ryno toda de fuego : pero entonces ya habian descendido al sepulcro, y su voz no resonaba ya en Selma. Ullin oyó sus canticos un dia, que volviá de la caza : lloraban la muerte de Morar, el primero de los mortales. Tenia el alma de Fingal, su espada era terrible como la espada de Oscar : pero murió. Llorolé su padre, su hermana derramó torrentes de lagrimas..... Esta infeliz hermana era la misma Minona. De que oyó cantar á Ullin se alejó, semejante á la luna que prevé la tempestad, y oculta su frente hermosa en

lune qui prévoit l'orage, et cache sa belle tête dans un nuage. — Je jouai de la harpe avec Ullin, et nos chants plaintifs commencèrent :

Ryno.

« Les vents et la pluie ont cessé ; le milieu du jour est calme ; les nuages se dispersent et volent dans les airs. La lumière inconstante du soleil semble fuir sur les coteaux. Le torrent de la montagne roule dans la vallée ses eaux rougeâtres : ton murmure me plaît, ô torrent ! mais j'aime encore plus cette voix qui pleure les morts ; c'est un vieillard courbé sous le poids des années ; ses yeux sont rougis par les larmes. Alpin, enfant des concerts, pourquoi seul ainsi sur cette roche déserte ? pourquoi gémis-tu, comme le vent dans la forêt, ou comme les vagues sur le rivage solitaire ?

Alpin.

« Ryno, mes pleurs sont pour les morts, ma voix pour les habitants de la tombe. Tu es debout maintenant, ô jeune homme ! tu brilles aujourd'hui des graces et de la force

una nube. Yo toqué la harpa junto con Ullin, y comenzó el cantico de dolor.

Ryno.

« Los vientos y la llubia han cesado, el
medio dia es sereno. Las nubes vuelan des-
parramadas por los ayres. La inconstante luz
del sol huye sobre las verdes colinas : el torrente de la montaña precipita sus roxas aguas
por entre los guijarros del valle. Tu murmullo me agrada, ó torrente : pero áun es
mas suave la voz que yo oygo. Es la voz de
Alpin que llora por los muertos. Los años
agobian su cabeza : sus ojos encarnados se
llenan de lagrimas. Hijo de los conciertos,
Alpin, porque estas de este modo solo sobre
la silenciosa colina ? Porque gimes como el
viento en la floresta : ó como las olas en las
solitarias riberas ?

Alpin.

« Mis lagrimas, ó Ryno, son por los
muertos : mi voz por los habitantes del sepulcro. Tu estas ahora derecho, ó joven ! y
en tu magestuosa altura tu eres el mas her-

de ton âge ; mais tu tomberas comme Morar, et tes amis désolés viendront s'asseoir sur ta pierre : ton souvenir même s'évanouira de ces lieux, et ton arc restera détendu dans ta demeure.

« Tu étois léger, ô Morar ! comme le cerf de la colline, terrible comme le météore enflammé : ta fureur égaloit la tempête : ton épée, dans les combats, lançoit tous les feux de l'éclair ; ta voix retentissoit comme le fracas du torrent gonflé par la pluie, ou comme le roulement lointain du tonnerre. Combien de héros succombèrent sous tes coups ! le feu de ta colère consumoit les guerriers. Mais, au retour de la guerre, que ta voix étoit douce, ton visage paisible et serein ! Tu ressemblois au soleil après l'orage, à la lune dans le silence de la nuit ; ton ame étoit calme comme le sein d'un lac, lorsque les vents sont muets dans les airs.

« Mais, maintenant, que ta demeure est étroite et sombre ! en trois pas je mesure l'espace qui te renferme. O toi, qui fus si grand, quatre pierres couvertes de mousse sont le seul monument qui te rappelle à la mémoire des hommes ! Un arbre dépouillé de ses feuilles, une herbe élevée, le jouet

moso de los hijos del valle. Pero tu caeras como el ilustre Morar: el extrangero sensible vendrá á sentarse y á llorar sobre tu sepulcro. Tus colinas no te conocerán, y tu cerco permanecerá floxo en tu habitación.

«O Morar! tu eras ligero como el ciervo de la colina, terrible como el metéoro inflamado. La tempestad era menos temible que tu, en tu furor. El relampago no brillaba tanto en la llanura, como tu espada en los combates. Tu voz era como el ruido del torrente despues de la lluvia, ó del trueno que resuena á lo lejos. Muchos heroes cayeron heridos de tus golpes, y los fuegos de tu colera devoraban á los guerreros. Pero quando volvias del combate, quan sosegado, quan sereno estaba tu rostro! Te parecias al sol despues de la tempestad, á la luna en el silencio de la noche: tu alma estaba sosegada como el seno de un lago quando los vientos enmudecen en los ayres.

«Pero ahora quan estrecha y sombria es tu habitacion. O tu que fuistes tan grande, yo mido con tres pasos, el espacio que te contiene: quatro piedras cubiertas de muzgo forman el unico monumento que conserva tu memoria: un arbol que no tiene mas que una hoja, un césped cuyas ramitas son mo-

des vents, voilà tout ce qui indique à l'œil du chasseur le tombeau du puissant Morar ! Tu n'as point laissé de mère pour te pleurer, ni d'amante pour baigner ta pierre funèbre des larmes de l'amour : elle est morte celle qui te porta dans son sein, et la fille de Morglan n'est plus !

« Ah ! quel est ce vieillard appuyé sur son bâton ? Sa tête vénérable est blanchie par les ans ; ses yeux sont fatigués de larmes : c'est ton père, ô Morar ! ton père, qui n'avoit d'autre fils que toi ! Le bruit de ton courage et de tes exploits étoit parvenu jusqu'à lui ; il avoit appris la fuite de tes ennemis dispersés : ah ! pourquoi n'apprit-il pas aussi ta blessure ? Pleure, père infortuné, pleure ; mais ton fils ne peut plus t'entendre : le sommeil de la mort est trop profond, sa couche humide trop avant sous la terre. Morar ne te répondra plus ; il ne se lèvera plus à ta voix. Quand le rayon du matin percera-t-il la nuit du tombeau, pour lui annoncer l'heure de son réveil !

« Adieu pour jamais, le plus brave des hommes ! Conquérant intrépide, le champ de bataille ne te verra plus ! l'ombre des forêts ne sera plus éclairée de la splendeur de

vidas por el soplo de los vientos, indican á los ojos del cazador el sepulcro del poderoso Morar. O joven Morar! es verdad que tu no existes ya! Tu no has dejado ni madre, ni dama que te llore. La que te habia dado la vida ha muerto, y ya no existe la hija de Morglan.

« Quien es el anciano que viene acia nosotros apoyado sobre un baston? La edad ha encanecido sus cabellos: sus hojos estan encendidos de las lagrimas que han derramado: titubea á cada paso que da. Es tu padre, ó Morar! tu padre, que no tiene mas hijo que tu: ha oydo hablar de tu fama en los combates, y de la fuga de tus enemigos. Porque no ha sabido tambien tu herida? Llora, padre desgraciado, llora: pero tu hijo no te oye: su sueño es profundo en el sepulcro, y la almohada en que reposa, esta muy metida en la tierra. Morar no te oyra: ya no se levantará á la voz de su padre. Quando la luz de la mañana entrará en el sepulcro? Quando vendrá á finalizar el largo sueño de Morar?

« Adios para siempre el mas valiente de los hombres; intrepido conquistador; el campo de batalla no te volverá á ver: el resplandor de tu armadura no brillará ya en

ton armure ! Tu ne laisses pas de postérité ; mais les chants d'Alpin t'en tiendront lieu, et conserveront ta mémoire ; ils transmettront aux siècles les plus reculés le grand, l'illustre nom de Morar !

« Ces chants lugubres émurent vivement tous les héros ; mais le soupir le plus profond partit du cœur d'Armin : ils lui retraçoient l'image de son fils mort à la fleur de son âge. Carmor, prince de Galmal, étoit auprès du vieillard. Armin, lui dit-il, pourquoi gémir ainsi ? Une si douce harmonie porte l'attendrissement et la consolation dans les ames ; elle ressemble à la vapeur qui s'étend du lac sur tout le vallon, et pénètre dans les fleurs : bientôt le soleil reparoît, et la vapeur légère s'évanouit. Pourquoi donc cette douleur, digne souverain de l'île de Gorma ?

Armin.

« Oui, je suis triste ; et quel sujet n'ai-je pas de l'être ! Carmor, tu n'as point perdu un fils et une fille incomparable : ton brave Colgar existe ; ta chère Amira fait toujours les délices de ton cœur, et tu vois fleurir les

la sombra de los bosques: tu no has dejado ningun hijo que conserve tu memoria. Pero los canticos de Alpin salvaran tu nombre del olbido, los siglos venideros sabran tu gloria, y oyran hablar de Morar.

« Los canticos de Alpin avivaron el dolor en nuestras almas; pero el suspiro mas profundo salió del pecho de Armin. Se representa en su idea la imagen de su hijo que murió en la flor de su edad. Carmor estaba cerca del anciano. Armin, le dijó, porque ese suspiro tan profundo? Estos canticos deben entristecerte? La dulce melodía de los canticos enternece y agrada á las almas? Son como el vapor que se eleva del seno de un lago, y se estiende por los silenciosos valles: las flores se llenan de rocio: pero el sol sale, y los ligeros vapores se desvanecen. Porque esta sombria tristeza, ó gefe de la isla de Gorma?

Armin.

« Si; yo estoy triste, y la causa de mi tristeza no es ligera. Carmor, tu no has perdido tu hijo, tu no has perdido tu hija. El valiente Colgar, y la hermosa Anyra, viven en tu presencia. Tu ves florecer los re-

rejetons de ta famille : mais Armin reste le dernier de sa race. O Daura ! ô ma fille ! dans quelle obscurité, dans quel sommeil, sont ensevelis tes jeunes appas ! — Quand te réveilleras-tu, pour me faire entendre la douceur de tes chants ? Levez-vous, vents d'automne, levez-vous; soufflez sur la noire bruyère ! torrents des montagnes, rugissez ; et vous, tempêtes, grondez dans la cime des chênes ! Roule sur les nuages entr'ouverts, ô lune ! montre par intervalles ta face mélancolique ! rappelle à mon ame cette nuit cruelle où je me vis enlever mes enfants, où le vaillant Arindal périt, où la charmante Daura s'est éteinte !

« O Daura ! ô ma fille ! tu étois belle, aussi belle que la lune sur les collines de Fura ! tu étois blanche comme la neige en tombant des cieux, douce comme l'haleine du zéphyr ! Arindal, rien n'égaloit la force de ton arc et la rapidité de ta lance dans les combats : ton regard ressembloit à la sombre vapeur qui s'élève sur les flots, et ton bouclier au nuage qui porte la foudre.

« Armar, guerrier fameux, vint à ma demeure, et rechercha l'amour de Daura ; il parvint bientôt à l'obtenir : leurs amis con-

nuevos de tu familia : pero Armin es el ultimo de su casta. Que el lecho en que tu reposas, es sombrio, ó Daura! ó hija mia! que tu sueño es profundo en el sepulcro! Quando te dispertáras para que tu padre oyga tus dulces canticos? O noche cruel.....
Levantaos vientos del otoño, levantaos, y soplad sobre los negros matorrales : torrentes de los montes enrogeceos, y vosotras tempestades bramad en la cima de las encinas. O luna, rueda sobre las desechas nubes! muestra de quando en quando tu faz palida y melancolia. Haz acordar á mi alma la cruel noche en que perdi mis hijos, en la que murió el valeroso Arindal, en que se apagó la vida de mi hija la bella Daura.

« O hija mia! tu eres hermosa como la la luna sobre las colinas de Fura : tu blancura era superior á la de la nieve; y tu voz era suave como el aliento del zefiro. O hijo mio! nada igualaba á la fuerza de tu arco, y á la rapidez de tu lanza en los combates: tu mirada parecia al sombrio vapor que se eleva sobre las olas, y tu escudo á la nube que conduce el rayo.

« Armar, famoso guerrero, vinó á mi morada, y procuró hacerse amar de Daura: no sufrió larga contradiccion. Los amigos de

cevoient d'une si belle union la plus flatteuse espérance.

« Le fils d'Odgal, Erath, furieux de la mort de son frère qu'Armar avoit tué, arriva déguisé en vieux matelot : sa barque, flottant sur les vagues, étoit agréable à voir : des cheveux blancs donnoient à son air réfléchi un caractère plus imposant. O la plus belle des femmes ! dit-il, aimable fille d'Armin, tu vois ce rocher qu'environne la mer, à si peu de distance de nous ; c'est là qu'Armar attend sa chère Daura ; il m'envoie pour y conduire sur les vagues le tendre objet de son amour.

« Daura crédule le suit ; elle appelle Armar ; mais l'écho du rocher répond seul à sa voix. Armar, répète-t-elle, Armar, mon cher amant, pourquoi te plaire à m'inquiéter? Écoute, entends ma plainte : ô mon beau, mon jeune ami, c'est ta Daura qui t'appelle !

« Le perfide Erath regagne la terre avec un sourire infernal. Elle redouble ses cris ; elle appelle son père, son frère : Arindal ! Armin ! personne de vous ne viendra-t-il me secourir ?

« Enfin sa voix parvient jusqu'au rivage.

los dos amantes formaban lisongeras esperanzas de su union.

« El hijo de Odgal, Erath, furioso de que Armar hubiese muerto á su hermano, desembarca en la playa disfrazado de marinero viejo. Dexa su barca en la orilla: parecia que la edad hubiese encanecido sus cabellos: su mirada era seria y sosegada. « O tu la
« mas hermosa de las mugeres, dixó, amable
« hija de Armin, no lejos de aqui se eleva
« en el mar una roca encima de la que se
« vé un arbol lleno de rubias frutas. Allí
« aguarda Armar á su querida Daura. Yo
« he venido para conducirle su dama al tra-
« ves de las olas. »

« La crédula Daura le sigue: llama á Armar: pero nadie responde á sus gritos, sino eco de la roca. « Armar, Armar,
« amante mio, porque me dexas en estos
« parages muriendo de espanto ? Escucha
« Armar, escucha, Daura es la que te llama. »

« El perfido Erath corre acia la playa, riendo del engaño. Ella levanta la voz, llama á su hermano, á su padre, « Arindal, Ar-
« min, que! no hay nadie que socorra á vues-
« tra Daura ? »

« Su voz llega hasta la orilla. Arindal

Arindal, mon fils, descendoit de la colline, couvert des dépouilles de sa chasse : ses flèches s'entre-choquoient à son côté ; son arc étoit dans sa main; cinq dogues d'un gris noirâtre suivoient ses pas. Il voit le traître Erath sur le rivage ; il l'atteint, le saisit, et l'attache à un chêne : de vigoureux liens garottent tous ses membres ; il pousse d'affreux hurlements.

« Arindal s'élance dans le bateau, et s'empresse d'aller chercher Daura : mais Armar accourt ; aveuglé par sa rage, il décoche sa flèche ; elle siffle et s'enfonce dans le cœur de mon cher Arindal. O mon fils ! tu meurs, au lieu du perfide Erath ! La barque atteignoit la roche ; il y tombe, et son ame s'envole. Quel fut ton désespoir, pauvre Daura, en voyant ruisseler le sang de ton frère !

« Les vagues mettent en pièces le bateau. Armar se jette à la nage, résolu de sauver son amante ou de périr. Soudain un coup de vent fond du haut de la colline. Armar s'abyme, et ne reparoît plus.

« Seule sur le rocher que la mer environne, ma fille faisoit retentir l'air de ses plaintes. Son père entendoit ses cris redou-

baxaba de la colina cubierto de los despojos de la caza: sus flechas resonaban á su lado: su arco estaba en su mano: cinco dogos negros seguian sus pasos. Vé al perfido Erath sobre la playa, le alcanza, le coge, y le ata á una encina: sus miembros son encadenados con robustos lazos; el viento resuena con sus ahullidos.

« Arindal se arroja al barco, y domina las olas para conducir á Daura á la orilla. Armar llega por otro lado, y le equivoca con el robador; transportado de rabia lanza su flecha: vuela, y se clava en tu corazon, ó hijo mio! tu mueres en lugar del pérfido Erath. El remo queda inmovil. Mi hijo cae sobre la roca, lucha, y muere. Qual fue tu dolor, ó Daura, quando vistes correr á tus pies la sangre de tu hermano?

« Las olas rompen el barco contra las rocas. Armar se arroja á nado, resuelto á socorrer á Daura, ó á morir. Un torbellino de ayre cae de repente de lo alto de la colina sobre las olas. Armar se sumerge, y no vuelve á aparecer.

« Mi hija estaba sola sobre la roca que el mar rodea, y hacia resonar el ayre con sus quejas. Su padre oia sus redoblados gritos,

blés, et son père ne pouvoit la secourir ! Toute la nuit, je restai sur le rivage ; j'entrevoyois ma fille à la foible clarté de la lune ; toute la nuit, j'entendis ses cris : le vent souffloit avec furie, et la pluie orageuse battoit les flancs de la montagne. Avant que l'aurore parût, sa voix s'affoiblit par degrés et s'éteignit, comme le murmure du vent dans les fentes du rocher. La douleur avoit épuisé ses forces ; elle expira, et te laissa seul, malheureux Armin ! Tu as perdu le fils qui faisoit ton appui dans les combats ; tu as perdu la fille qui faisoit ton orgueil au milieu de ses compagnes.

« Toutes les fois que la tempête descend de la montagne, toutes les fois que le vent du nord soulève les flots, je vais m'asseoir sur le rivage écumant, et mes regards s'attachent sur le rocher fatal. Souvent, au déclin de la lune, j'entrevois les ombres de mes enfants qui s'entretiennent tristement ensemble. »

Un torrent de larmes, qui coula des yeux de Lolotte, et qui soulagea son cœur oppressé, arrêta la lecture de Werther : il jeta là le papier, lui prit une main, et versa les pleurs les plus amers. Lolotte étoit appuyée

y no podia socorrerla. Toda la noche permanecí sobre la playa. Yo entreveía á mi hija á la debil claridad de la luna: toda la noche estubé oyendo sus gritos. El viento soplaba con furor, y la tempestuosa llubia batia los flancos de la montaña. Antes de que saliese la aurora, su voz se comenzó á debilitar, y se apagó como el murmullo del zefiro que expira entre las ramas de los arboles: el dolor habia agotado sus fuerzas: expiró: te dexó solo, infeliz Armin. Has perdido el hijo que hacia tu fuerza en los combates. Has perdido la hija, que hacia tu orgullo en medio de sus compañeras.

« Desde esta horrible noche, siempre que la tempestad baxa de la montaña, siempre que el viento del norte levanta las olas, voy á sentarme sobre la orilla, y mis miradas se fixan en la fatal roca. Muchas veces, quando la luna luze en su ocaso, entreveo las sombras de mis hijos: hablan tristemente juntos. »

Un torrente de lagrimas que corrió de los ojos de Carlota, y alivió su oprimido corazon, detubó el cantico de Werther; arrojó el papel, cogióla una mano, y derramó las mas amargas lagrimas. Carlota estaba apoya-

sur l'autre, et se couvroit les yeux de son mouchoir; leur agitation à l'un et à l'autre étoit effrayante. Ils sentoient leur propre misère dans la destinée de ces héros; ils la sentoient ensemble, et leurs larmes se confondoient. Les lèvres et les yeux de Werther se collèrent avec feu sur les bras de Lolotte; elle en frémit, elle vouloit s'éloigner; et l'excès de la douleur, le tendre intérêt qu'elle prenoit à cette situation, l'accabloient comme un fardeau. Elle respira quelques moments pour se remettre, et le pria, en sanglottant, de continuer; elle le pria d'une voix céleste. Werther trembloit; il sembloit que son cœur voulût s'ouvrir un passage; il ramassa le cahier, et lut d'une voix entrecoupée:

« Pourquoi m'éveilles-tu, souffle du prin-
« temps ? Tu me caresses et dis : Je suis
« chargé de la rosée du ciel, mais le temps
« approche où je dois me flétrir; l'orage qui
« doit abattre mes feuilles est proche. De-
« main viendra le voyageur, le voyageur qui
« m'a vue dans ma beauté; son œil me cher-
« chera par-tout dans la campagne, et il ne
« me trouvera point. »

Le malheureux se sentit accablé de toute la force de ces mots; il se renversa devant

da sobre la otra mano, y se cubria los ojos
con su pañuelo: era terrible la agitacion del
uno y del otro. Sentian sus desgracias pro-
pias en la fatal suerte de aquellos heroes:
las sentian juntos, y sus lagrimas se mezcla-
ban. Los labios y los ojos de Werther se
encendian como un fuego en los brazos de
Carlota. Ella se asustó: quisó apartarle: y
el exceso del dolor, el tierno interés que
tomaba en esta situacion, la agobiaba como
un gran peso. Respiró algunos instantes para
volver en si, y le pidió suspirando que con-
tinuase en su lectura; se lo pidió con una
voz celestial. Werther temblaba: pareceria
que su corazon queria abrirse un paso: re-
cogió el quaderno, y continuó con una voz
tremula y vacilante.

« Porque me dispiertas, zefiro de la pri-
« mavera? Tu me acaricias, y dices, estoy
« cargado del rocio del cielo. Pero se llega
« el tiempo en que me debo marchitar: la
« tempestad que debe abatir mis ojas no
« esta lejos. Mañana vendrá el viagero, el
« viagero que me ha visto en toda mi her-
« mosura: sus ojos me buscaran por todas
« partes en los campos, y no me hallaran. »

El infeliz sentió toda la fuerza de estas
palabras se dejó caer delante de Carlota lleno

Lolotte dans le dernier désespoir. Il lui prit les mains, qu'il pressa contre ses yeux, contre son front; il sembla à Lolotte qu'il lui passoit dans l'ame un pressentiment du projet affreux qu'il avoit formé. Ses sens se troublèrent, elle lui serra les mains, les pressa contre son sein; elle se pencha vers lui avec attendrissement, et leurs joues brûlantes se touchèrent. L'univers s'anéantit pour eux : il la prit dans ses bras, la serra contre son cœur, et couvrit ses lèvres tremblantes et balbutiantes de baisers furieux. « Werther! » cria-t-elle d'une voix étouffée, et en se retournant : « Werther! » Et, d'une main foible, elle tâchoit de l'écarter de son sein. « Werther! » lui dit-elle de ce ton qui exprime le plus noble sentiment. Il ne put y tenir : il la laissa aller de ses bras, et se jeta à terre devant elle comme un forcené. Elle s'arracha de lui; et, toute troublée, tremblante entre l'amour et la colère, elle lui dit : « Voilà la dernière fois, Werther! vous ne « me verrez plus. » Puis, jetant sur le malheureux un regard plein d'amour, elle courut dans la chambre prochaine, et s'y enferma. Werther lui tendoit les bras, et n'eut pas la hardiesse de la retenir. Il étoit étendu par terre, la tête appuyée sur le canapé; et il

de desesperacion. La cogió las manos, que apretó contra sus ojos, contra su frente. Le parecia á Carlota que le pasaba en el alma un presentimiento del horrible intento que habia formado. Se turbaron sus sentidos : le apretó la mano, y se la apretó contra su seno : se inclinó acia el toda enternecida, y sus ardientes megillas se tocaron. El universo se anonadó para ellos : la cogió en sus brazos, la apretó contra su corazon, y cubrió sus tremulos y balbucientes labios con furiosos besos. « Werther! » exclamó ella con voz apagada : al mismo tiempo que procuraba desasirse : « Werther! » y le apartaba de su seno empujandole blandamente con su mano : « Werther! » le dijó en un tono que expresaba la mayor nobleza de sentimientos. Werther no pudó resistirse : la dexó escapar de sus brazos, y se arrojó á tierra como un furioso. Ella se arrancó de el; y turbada, tremula entre el amor y la colera, le dijó : « Esta es la ultima vez, Werther! no me « veras mas. » Despues hechó una mirada de amor sobre aquel infeliz, y se fué á encerrar en el quarto mas cercano. Werther extendia los brazos, pero no tenia animo para detenerla. Estaba tendido en tierra, la cabeza apoyada sobre el canapé, y perma-

demeura plus d'une demi-heure dans cette posture, jusqu'à ce qu'un bruit qu'il entendit, le rappela à lui-même. C'étoit la fille qui venoit mettre le couvert. Il alloit et venoit dans la chambre; et, lorsqu'il se vit seul, il s'approcha de la porte du cabinet, et dit à voix basse : « Lolotte ! Lolotte ! encore un « mot seulement, un adieu. » Il garda le silence, il attendit; il pria, puis attendit encore, enfin il s'arracha de là, en criant : « Adieu, « Lolotte ! adieu pour jamais ! »

Il se rendit à la porte de la ville. Les gardes, qui étoient accoutumés à le voir, le laissèrent passer sans lui rien dire. Il tomboit de la neige fondue. Il ne rentra que vers les onze heures. Lorsqu'il revint à la maison, le domestique remarqua qu'il n'avoit point son chapeau; il n'osa l'en faire appercevoir : il le déshabilla; tout étoit mouillé. On a trouvé ensuite son chapeau sur un rocher situé sur le penchant de la montagne, et qui commande la vallée. Il est incompréhensible comment il put, par une nuit obscure et humide, y monter sans se précipiter.

Il se coucha, et dormit long-temps. Le lendemain matin, son domestique, qu'il appela, le trouva à écrire, lorsqu'il lui apporta son café. Il écrivit ce qui suit de sa lettre à Lolotte :

neció en esta postura mas de media hora, hasta que un ruido que oyó le hizo volver en si. Era la criada que venia á poner la mesa. Yba y venia por el quarto; y de que se vió solo, se acercó á la puerta del gabinete, y dijó en voz baxa : « Carlota , Car- « lota ! una palabra sola , un adios. » Calló, aguardó, suplicó, vólvió á aguardar : enfin se arrancó de alli gritando : « Adios Carlota , « adios para siempre ! »

Marchosé á la puerta de la ciudad. La guardia que estaba acostumbrada á verle, le dexó pasar sin decir nada. Caía nieve desecha. Quando volvió á la casa, el criado observó que estaba sin sombrero : no se atrevió á decirselo. Al tiempo de desnudarle, observó tambien que est[...]ado. Hallosé despues su sombrero sobre una roca situada en la pendiente de la montaña que domina el valle. Parece imposible que en una noche tan humeda y tan obscura hubiese podido trepar á la roca sin despeñarse.

Se acostó y durmió mucho tiempo. Por la mañana quando el criado le entró el café, le halló escribiendo, lo que se sigue de la carta á Carlota.

« C'est donc pour la dernière fois, pour la
« dernière fois, que j'ouvre ces yeux; ils ne
« doivent plus revoir la lumière; un jour som-
« bre et nébuleux les couvre. Sois donc en
« deuil, ô nature! ton fils, ton ami, ton bien-
« aimé, s'approche de sa fin. Lolotte, c'est
« un sentiment qui n'a point de pareil, et qui
« pourtant approche le plus du vague, de la
« vapeur incertaine d'un songe, que de se
« dire : Ce matin est le dernier! Le dernier,
« Lolotte! je n'ai aucune idée de ce mot, le
« dernier! Ne suis-je pas là dans toute ma
« force? et demain, couché, étendu, endor-
« mi sur la terre! Mourir! qu'est-ce que cela
« signifie? Vois-tu, nous rêvons quand nous
« parlons de la mort. J'ai vu mourir plusieurs
« personnes, mais l'humanité est si bornée,
« qu'elle n'a pas le sentiment du commence-
« ment et de la fin de son existence. Actuel-
« lement encore, tout à moi, à toi! à toi! ma
« chère; et un moment de plus.... séparés....
« désunis... peut-être pour jamais! Non, Lo-
« lotte, non. Comment puis-je être anéanti?
« Nous sommes, oui..... s'anéantir!.....
« Qu'est-ce que cela signifie? C'est encore
« un mot, un vain son qui ne porte aucun
« sentiment à mon cœur.... Mort, Lolotte!
« enseveli dans un coin de la terre froide, si

« Es pues por la ultima vez, por la ultima
« vez que yo abro los ojos : no deben volver
« á ver la luz : los cubre un dia sombrío y
« nebuloso. Cubrete de luto, ó naturaleza !
« Tu hijo, tu amigo, tu querido se acerca
« á su fin Carlota, es una idea á la que nin-
« guna otra se asemeja, y que sin embargo
« es la que mas se acerca al vacio, al vapor
« incierto de un sueño, quando uno se dice :
« Esta mañana es la ultima, la ultima, Car-
« lota ! No exîsto yo ahora en toda mi fuerza ?
« y mañana acostado, tendido, dormido so-
« bre la tierra ! Morir ! que significa esto ?
« Mira tu, nosotros soñamos quando habla-
« mos de la muerte. Yo he visto morir á
« muchas personas, pero nuestro entendi-
« miento es tan limitado, que no tiene idea
« alguna ni del principio ni del fin de la
« existencia. Actualmente áun, todo á mi,
« á ti, á ti, mi querida ! y un instante des-
« pues.... separados, desunidos... tal vez,
« para siempre ! No, Carlota, no ! Como
« puedo yo ser destruido enteramente ? No-
« sotros somos, si.... destruirse.... que
« significa esto ? Es otra palabra, otro sonido
« vago que no produce ningun movimiento
« de sensibilidad en mi corazon.... Muerte,
« Carlota, sepultado en un rincon de tierra

« étroit, si obscur ! J'eus une amie qui étoit
« tout pour moi dans l'abondance de ma jeu-
« nesse. Elle mourut, je suivis le convoi, et
« me tins auprès de la fosse. Comme ils des-
« cendirent le cercueil ! comme les cordes
« roufloient à mesure qu'ils les laissoient
« couler, et qu'ils les tiroient ! Comme la
« première pelletée de terre tomba par mottes
« sur ce coffre funèbre qui rendit un bruit
« sourd, puis plus sourd, et plus sourd en-
« core, jusqu'à ce qu'enfin il se trouva entiè-
« rement couvert ! Je tombai auprès de la
« fosse, saisi, agité, oppressé, les entrailles
« déchirées ; mais je ne savois ce que j'étois,
« ce que je serai. Mourir ! sépulcre ! Je n'en-
« tends point ces mots !

« Oh ! pardonne-moi ! pardonne-moi !
« Hier ! c'auroit dû être le dernier moment
« de ma vie.... O ange ! ce fut pour la pre-
« mière fois ; oui, pour la première fois, que
« ce sentiment d'une joie sans bornes pénétra
« tout entier, et sans aucun mélange de doute,
« dans mon ame : elle m'aime ! elle m'aime !
« Mes lèvres sont encore brûlées de ce feu
« sacré dont les tiennes les ont inondées ; une
« nouvelle joie consume mon cœur. Par-
« donne-moi ! pardonne-moi !

« fria, tan estrecho, tan obscuro! Tube una
« amiga que se habia dedicado enteramente
« á mi, en el abandono de mi juventud.
« Murió: acompañé la pompa funebre, y
« me mantubé al lado de la sepultura. Como
« baxaron el atahud! como rechinaban las
« cuerdas á medida que las dexaban caer, y
« las apartaban! Como la primera azadonada
« de tierra caía terron á terron sobre el fu-
« nebre atahud que formaba un ruido sordo,
« despues mas sordo, y aun mas sordo, hasta
« que enfin quedó cubierto enteramente?
« Me dexé caer al lado de la sepultura, agi-
« tado, sobrecogido, oprimido; mis entra-
« ñas todas despedazadas: pero yo no sabia
« ni lo que era, ni lo que seria. Morir! se-
« pulcro! yo no entiendo estas palabras.

« Ah! perdoname, perdoname! Ayer!...
« este instante debria haber sido el ultimo
« de mi vida. O angel! ayer fué la primera
« vez, si, la primera vez de mi vida que una
« alegria sin limites penetró enteramente, y
« sin ninguna mezcla de duda, en mi alma.
« Me ama! me ama! Mis labios ardien aun
« en el fuego sagrado en que los tuyos les
« habian inundado; una nueva alegria con-
« sume mi corazon. Perdoname! perdona-
« me!

« Ah! je le savois bien, que j'étois aimé!
« Tes premiers regards, ces regards pleins
« d'ame, ton premier serrement de main,
« me l'apprirent; et cependant, lorsque je
« quittois ou que je voyois Albert à tes
« côtés, je retombois dans mes doutes ron-
« geurs.

« Te souvient-il de ces fleurs que tu me
« donnas dans cette fatale assemblée où tu
« ne pus me dire un seul mot, ni me présenter
« la main? Hélas! je restai la moitié de la
« nuit à genoux devant ces fleurs, et elles
« furent pour moi le sceau de ton amour.
« Mais, hélas! ces impressions se sont effa-
« cées, comme on voit insensiblement s'ef-
« facer dans le cœur du chrétien le sentiment
« de la grace de son Dieu, que le ciel lui
« offrit avec profusion sous des signes sacrés
« et manifestes.

« Tout cela est périssable; mais l'éternité
« même ne pourra point détruire la vie brû-
« lante dont je jouis hier sur tes lèvres, et
« que je sens en moi. Elle m'aime! ce bras
« l'a pressée! ces lèvres ont tremblé sur ses
« lèvres! cette bouche a balbutié sur la sienne!
« Elle est à moi! Tu es à moi! oui, Lolotte,
« pour jamais! »

« Ah! yo lo sabia bien, que yo era ama-
« do! Me lo declararon, tus primeras mi-
« radas, aquellas miradas llenas de alma, la
« primera vez que me apretastes la mano:
« y no obstante, quando yo me separaba de
« ti, ó quando veia á Alberto á tu lado, yo
« volvia á caer en las dudas que me roían el
« alma.

« Te acuerdas de las flores que me distes
« en aquella fatal sociedad en la que ni una
« sola palabra pudistes decirme, ni presen-
« tarme la mano? Ah! permanecí la mitad
« de la noche de rodillas delante de aquellas
« flores, y fueron para mí el sello de tu
« amor. Pero ah! se ha borrado, como se
« ve borrar insensiblemente en el corazon
« de un Cristiano la gracia de Dios, que el
« cielo le ofreció con profusion baxo de se-
« ñales sagradas y manifiestas.

« Todo esto es perecedero: pero toda la
« eternidad no podrá destruir la ardiente vida
« de que gozé ayer en tus labios, y que aún
« siento en mi mismo. Me ama! Estos bra-
« zos la han tocado! Estos labios han tem-
« blado sobre sus labios! Esta boca ha bal-
« buceado sobre la suya! Es mia! Tu eres
« mia! Si Carlota, para siempre!

« Qu'importe qu'Albert soit ton mari ?
« Mari !.... Ce titre seroit seulement pour
« ce monde.... Et pour ce monde, le péché
« que je commets en t'aimant, en desirant
« de t'arracher, si je pouvois, de ses bras
« dans les miens ? Péché ! soit ! Hé bien, je
« m'en punis : je l'ai savouré, ce péché, dans
« le transport de la plus douce volupté ; j'ai
« sucé le baume de la vie, et versé la force
« dans mon cœur ; de ce moment tu es à
« moi, à moi, ô Lolotte ! Je pars devant.
« Je vais rejoindre mon père, ton père ; je
« me plaindrai devant lui ; il me consolera
« jusqu'à ton arrivée ; alors je vole à ta ren-
« contre, je te saisis et demeure uni à toi, en
« présence de l'Éternel, dans des embrasse-
« ments qui ne finiront jamais.

« Je ne rêve point, je ne suis point dans
« le délire ! L'approche du tombeau fut pour
« moi une nouvelle lumière. Nous serons !
« nous nous reverrons ! Nous verrons ta mère,
« je la verrai, je la trouverai, hélas ! et je lui
« exposerai tout mon cœur. Ta mère.... ta
« parfaite image.... »

Vers les onze heures, Werther demanda
à son domestique si Albert n'étoit pas de
retour. Il lui dit que oui, qu'il avoit vu pas-

WERTHER.

« Que importa que Alberto sea tu marido?
« Marido!... este título sería solo para este
« mundo.... y para este mundo el pecado
« que cometo con amarte, con desear, el
« arrancarte, si me fuese posible, de sus
« brazos á los mios? Pecado! Sea. Y bien!
« Yo me castigo. Lo he saboreado, á este
« pecado, en el transporte de la mas dul-
« ce voluptuosidad he chupado el balsamo
« de la vida, y derramado la fuerza en mi
« corazon. Desde este instante tu eres mia,
« mia, ó Carlota! Marcho delante. Voy á
« juntarme con mi padre, con tu padre: me
« quejaré á el : me consolará hasta que tu
« llegues : entonces salgo volando á recibirte,
« te tomo en mis brazos, y permanezco
« unido á ti en presencia del Eterno, en abra-
« zos que nunca acabaran.

« Ni sueño, di deliro. La cercanía del se-
« pulcro ha sido una nueva luz para mi.
« Seremos, nos volveremos á ver! Veremos
« á tu madre! la veré, la hallaré, ah! y la
« expondré todo mi corazon. Tu madre....
« tu perfecta imagen. »

A las onze de la noche Werther preguntó
á su criado si Alberto había vuelto. Le dijo
que sí, que había visto pasar su caballo.

ser son cheval. Là-dessus Werther lui donna un petit billet non cacheté, qui contenoit ces mots :

« Voudriez-vous bien me prêter vos pis-
« tolets pour un voyage que je médite ? Por-
« tez-vous bien. »

La chère femme avoit peu dormi la nuit dernière; son pouls étoit élevé, et mille sentiments divers agitoient son cœur. Elle sentoit, malgré elle, au fond de son sein le feu des embrassements de Werther; et, en même temps, les jours de sa tranquille innocence, de cette confiance exempte de tous soins, se présentoient à elle avec plus de charmes : il lui sembloit voir d'avance les regards de son mari; elle l'entendoit l'interroger d'un ton demi-triste et demi-ironique au moment où il apprendroit la visite de Werther. Elle n'avoit jamais dissimulé, jamais menti, et, pour la première fois, elle s'y voyoit inévitablement contrainte; la répugnance, l'embarras qu'elle en ressentoit, aggravoit sa faute à ses yeux, et cependant elle ne pouvoit ni haïr celui qui en étoit l'auteur, ni se promettre de ne le plus revoir. Elle pleura jusque vers le matin, où elle tomba de fatigue dans un foible assoupissement. A peine s'étoit-elle éveillée et habil-

Entonces Werther le dió un billete cerrado que contenia estas palabras.

« Querras prestarme tus pistolas para un « viage que pienso hacer. Pasálo bien. »

Carlota habia dormido poco aquella noche : su pulso estaba agitado, y su corazon conmovido con mil diversas ideas. Sentia, á su pesar, en el fondo de su corazon el fuego de los abrazos de Werther : y á el mismo tiempo se le representaban baxo los mas bellos colores los dias de su tranquila inocencia, de aquella confianza exenta de todo cuidado. La parecia ver ya las miradas de su marido : le oía hacerla preguntas en un tono medio triste, medio ironico, en el instante en que supiese la visita de Werther. Ella no habia disimulado jamas, ni mentido : y por la primera vez se veia obligada á hacerlo. La repugnancia, la turbacion que experimentaba, agravaban su falta á sus propios ojos : y sin embargo no podia ni aborrecer al que era la causa, ni prometerse el que no le volveria á ver. Lloró hasta por la mañana, en que cayó en un ligero desmayo, producido por la fatiga de la noche. Apenas se habia dispertado y vestido, quan-

lée, que son mari revint. Sa présence, pour la première fois, lui parut insupportable; car la crainte où elle étoit qu'il ne découvrît dans ses yeux et à son air qu'elle avoit veillé et pleuré toute la nuit, augmentoit encore son trouble : elle le reçut avec un embrassement empressé, qui exprimoit plutôt son agitation et son repentir, qu'un transport de joie. Par là elle excita l'attention d'Albert. Celui-ci, après avoir décacheté plusieurs lettres, et ouvert quelques paquets, lui demanda du ton le plus sec s'il n'y avoit pas autre chose, et s'il n'étoit venu personne? « Werther, » lui répondit-elle en hésitant, « vint hier, et « passa une heure ici. » — « Il prend bien son « temps! » dit Albert; puis il se retira dans sa chambre. Lolotte étoit restée seule un quart-d'heure. La présence d'un époux qu'elle aimoit, et pour qui elle avoit de l'estime, avoit fait dans son cœur une nouvelle impression. Elle se rappeloit toute sa bonté, la noblesse de ses sentiments, son amour; et elle s'accusoit de l'avoir si mal récompensé. Une voix secrète lui disoit de le suivre. Elle prit son ouvrage, comme elle avoit déjà fait plusieurs fois, entra dans sa chambre, et lui demanda s'il avoit besoin de quelque chose. Il lui répondit : Non! se mit à on bureau.

do llegó su marido. Su presencia la pareció insoportable por la primera vez; porque el miedo de que descubriese en sus ojos y en su tono que habia velado y llorado, aumentaba aún su turbacion. Le recibió con un abrazo tan arrebatado que demostraba aún mas su agitacion y su arrepentimiento, que un transporte de alegria. Alberto no dexó de observarlo. Despues de haber quitado el sobre á muchas cartas, y abierto algunos paquetes, la preguntó en el tono mas seco si no habia ninguna otra cosa, y si no habia venido alguien. « Werther, le respondió ti- « tu....do, vinó ayer, y pasó aqui una « hora.» — Muy bien toma su tiempo, dijó Alberto; el que al instante se retiró á su quarto. Carlota se quedó sola cosa de un quarto de hora. La presencia de un esposo que ella amaba, y á quien tanta estimacion tenia, habia hecho en su corazon una nueva impresion. Se traía á la memoria su bondad, sus nobles sentimientos, y su amor: y se acusaba de haberlo recompensado tan mal. Una voz secreta la animaba á seguir á su marido. Tomó su labor, como muchas veces lo habia hecho, entró en el quarto, y le preguntó si necesitaba algo. La respondió que no, se pusó á su mesa á escribir, y ella

pour écrire, et elle s'assit, et se mit à tricoter. Ils passèrent ainsi une demi-heure ensemble; et, comme Albert se levoit de temps en temps pour aller et venir par la chambre, et que, sans répondre que peu ou point du tout à ce que Lolotte pouvoit lui dire, il se remettoit à sa table, elle tomba dans une tristesse qui l'affectoit d'autant plus, qu'elle tâchoit de la cacher et de dévorer ses larmes.

L'apparition du domestique de Werther la jeta dans le plus grand embarras. Il présenta le billet à Albert, qui, se tournant froidement vers sa femme, lui dit: « Donnez-« lui les pistolets.... Je lui souhaite bon « voyage, » dit-il au garçon. Ces mots furent pour elle comme un coup de tonnerre. Elle se leva en chancelant; elle ne savoit où elle étoit. Elle s'approcha lentement de la muraille, et les prit en tremblant; elle en ôtoit la poussière, hésitoit à les donner, et auroit différé plus long-temps, si Albert ne l'eût pressée, en lui disant d'un ton expressif : « Qu'attendez-vous ? » Elle donna l'arme funeste au domestique, sans avoir la force de proférer un seul mot; et, dès qu'il fut sorti, elle replia son ouvrage, et se retira dans un état de souffrance inexprimable. Son cœur lui présageoit tout ce qu'il y a de plus af-

se sentó á hacer punto. De este modo pasaron una media hora. Como Alberto se levantaba de quando en quando para ir y venir por el quarto, volviendose luego á la mesa sin responder, ó respondiendo muy pocas palabras á lo que Carlota le preguntaba, esta cayó en una tristeza tanto mas profunda, quanto que procuraba ocultarla y retener sus lagrimas.

La repentina llegada del criado de Werther la causó una nueva inquietud. Presentó el billete á Alberto, el qual dixó con la mayor frialdad á su muger: «Dale las pis- «tolas..... Le deseo un buen viage,» dijó al criado. Estas palabras fueron mas terribles para Carlota que el estampido de un trueno. Se levantó toda temblando, y sin saber donde estaba. Se acercó con pasos tremulos á la pared, y las cogió temblando: las quitaba el polvo, dudaba si las daria, y hubiera dilatado el hacerlo, si Alberto no la hubiera dado priesa, diciendola en un tono expresivo: «Que aguardas?» Dió las funestas armas al criado sin atreverse á proferir una sola palabra: y quando se fue el criado volvió á tomar su labor, y se retiró sufriendo las mas amargas penas. Su corazón la anunciaba las mas funestas resultas.

freux. Tantôt elle étoit sur le point de se jeter aux pieds de son mari, de lui découvrir tout, l'histoire du soir précédent, sa faute et son pressentiment. Bientôt après elle ne voyoit plus à quoi aboutiroit une pareille démarche : elle pouvoit au moins espérer de persuader à son mari d'aller après Werther. On mit le couvert; et une voisine, qui n'étoit venue que pour demander quelque chose, et que Lolotte retint à dîner, rendit le repas supportable. On se contraignit, on parla, on conta, on s'oublia.

Le domestique arriva chez Werther avec les pistolets. Il les prit avec transport, lorsqu'on lui dit que c'étoit Lolotte qui les avoit donnés. Il se fit apporter un pain et du vin, dit au laquais d'aller dîner, et se mit à écrire.

« Ils ont passé par tes mains, tu en as ôté
« la poussière, je les baise mille fois; tu les
« as touchés. Esprit du ciel, tu favorises ma
« résolution! Et toi, Lolotte, tu me fournis
« l'instrument; toi, des mains de qui je sou-
« haitois recevoir la mort, et la reçois en
« effet. Oh! j'ai interrogé mon domestique;
« tu as tremblé en les lui présentant, tu ne
« m'as fait dire nul adieu... Malheur! mal-

Unas veces se inclinaba á echarse á los piés de su marido, descubrirle todo, la historia de la noche anterior, su culpa, y el triste presentimiento que ahora tenia. Poco despues no comprendia que resultas favorables pudiese tener semejante resolucion. Podia esperar el persuadir á su marido que fuese á detener á Werther. Los criados pusieron la mesa: y una vecina que solo habia venido á pedir alguna friolera, y á la qual Carlota hizó quedar á comer, alegró un poco la conversacion. Se disimuló, se habló, se contaron algunos sucesos, y se olbidó el de Werther.

El criado llegó entanto á su casa con las pistolas. Las tomó Werther con el mayor transporte quando su criado le dijó que Carlota las habia dado. Mandó traer pan y vino, dixó al criado que se fuese á comer, y se pusó á escribir.

«Han pasado por tus manos, las has qui-
«tado el polvo, yo las beso mil y mil veces:
«tu las has tocado. Espiritu celestial, tu
«favoreces mi resolucion! Y tu, Carlota,
«tu me presentas el instrumento, tu, de
«cuyas manos yo deseaba recibir la muerte,
«y la recibo en efecto. Oh! yo he pregun-
«tado á mi criado: tu temblabas quando se
«las dabas: tu no le has encargado si quiera

« heur !... Nul adieu !... Pourrois-tu m'a-
« voir fermé ton cœur, à cause de ce moment
« qui m'a uni à toi pour jamais ? Lolotte, c'est
« une impression qu'un siècle de siècles ne
« pourra effacer ! et, je le sens, tu ne saurois
« haïr celui qui brûle ainsi pour toi. »

Après dîner, il ordonna au domestique
d'achever les paquets; il déchira divers papiers, sortit, et mit encore quelques petites
affaires en ordre. Il revint à la maison, sortit encore devant la porte, et alla, malgré
la pluie, dans le jardin du comte. Il erra
dans les environs, rentra sur la brune, et
écrivit :

« Guillaume, j'ai vu pour la dernière fois
« les champs, la forêt et le ciel. Adieu, chère
« mère ! pardonne-moi. Console-la, Guil-
« laume. Que Dieu vous bénisse ! Toutes mes
« affaires sont en ordre. Adieu ! Nous nous
« verrons de nouveau et plus joyeux.

« Je t'ai mal payé de retour, Albert; et
« tu me le pardonnes. J'ai troublé la paix de
« ton ménage; j'ai porté la défiance parmi
« vous. Adieu ! je veux y mettre fin. Oh !
« puisse ma mort vous rendre heureux ! Al-
« bert ! Albert ! fais que cet ange soit heu-
« reux; et puisse ainsi la bénédiction du ciel
« reposer sur toi ! »

« de que me dixese adios.... Desgracia!
« desgracia!... Ningun adios.... Me habrás
« tu cerrado tu corazon por aquel instante
« que me ha unido á ti para siempre? Car-
« lota, un siglo de siglos no podrá borrar
« aquella impresion; y yo conozco que tu no
« podrás aborrecer á el que tanto te ama. »

 Despues de comer, mandó al criado que
acabase los paquetes: rajó diversos papeles,
salió, y arregló áun varios asuntillos. Volvió otra vez á la casa, salió luego á la puerta,
y aunque estaba lloviendo se adelantó hasta
el jardin del Conde. Se paseó vagamente por
los alrededores, y volvió á su casa al ano-
checer, y escribió.

 « Guillermo, he visto por la ultima vez
« los campos, la floresta, y el cielo. Adios
« madre querida! perdoname. Consuelala,
« Guillermo. Que Dios os bendiga... Todos
« mis negocios quedan arreglados. Adios.
« Nos volveremos á ver, y muy contentos.

 « Te he correspondido muy mal, Alberto,
« y tu me lo perdonas. He turbado la paz
« de tu casa: he producido la desconfianza
« entre vosotros dos. Adios: yo quiero po-
« ner fin á estas cosas. Oh! oxalá que mi
« muerte os haga felices. Alberto! Alberto!
« has que ese angel sea feliz; y cayga la
« bendicion del cielo sobre ti. »

Il fit encore, le soir, plusieurs recherches dans ses papiers, en déchira beaucoup qu'il jeta dans le poêle, cacheta quelques paquets adressés à Guillaume : ils contenoient de petits mémoires, quelques pensées détachées que j'ai vues en partie ; et, sur les dix heures, après avoir donné ordre qu'on mît du bois au poêle, et s'être fait apporter une demi-bouteille de vin, il envoya coucher son domestique, dont la chambre, ainsi que celle où couchoient les gens de la maison, étoit fort éloignée sur le derrière. Le laquais se mit au lit tout habillé, pour être prêt de bonne heure ; car son maître avoit dit que les chevaux de poste seroient devant la porte avant six heures.

LETTRE LXXVII.

A onze heures passées.

« Tout est calme autour de moi, et mon
« ame est si tranquille ! Je te remercie, ô
« mon Dieu ! de m'accorder cette chaleur,
« cette force, dans ces derniers moments.

« Je m'approche de la fenêtre, ma chère ;

Por la noche se entretubó áun en recorrer muchos otros papeles que rajó, y echó á la lumbre, y en cerrar algunos paquetes que destinaba para Guillermo : contenian algunas memorias, algunos pensamientos sueltos que he leydo en parte : á las diez mandó que encendiesen la estufa, y le trajesen media botella de vino, y dijó al criado que se fuese á acostar : el quarto de este, y todos los demas donde se acostaban las gentes de la casa estaban muy retirados, y á las espaldas de los de Werther. El lacayo se acostó vestido por estar pronto bien temprano, pues su amo le habia dicho que los caballos de posta estarian á las seis de la mañana á la puerta.

CARTA LXXVII.

A las 11 dadas.

« Todo está sosegado á mi rededor : y
« mi alma tambien esta tan tranquila ! Te
« doy gracias, ó Dios mio, de concederme
« este fuego, esta fuerza en mis ultimos ins-
« tantes.

« Me acerco á la ventana, querida mia,

« et je vois encore quelques étoiles, dans ce
« ciel éternel, briller isolées au travers des
« nuages orageux qui fuient par-dessus ma
« tête. Non ! vous ne tomberez point ! L'É-
« ternel vous porte, ainsi que moi, dans son
« sein. J'ai vu les étoiles qui forment le ti-
« mon du chariot, la plus belle des constel-
« lations. Quand je te quittois la nuit, quand
« je sortois de ta porte, il étoit là vis-à-vis !
« Avec quelle ivresse ne l'ai-je pas souvent
« contemplé ! Combien de fois n'ai-je pas
« élevé mes mains vers cette constellation,
« et n'en ai-je pas fait le signe, le monument
« sacré de mon bonheur actuel ! et même....
« O Lolotte ! qu'est-ce qui ne me rappelle
« pas ton souvenir ? Ne suis-je pas environné
« de toi ? et n'ai-je pas, comme un enfant,
« dérobé mille bagatelles inutiles de toute
« espèce, que tes mains saintes avoient tou-
« chées ?

« Cher portrait ! Lolotte, je t'en fais un
« legs, et te conjure de l'honorer. J'y ai im-
« primé mille, mille baisers ; mille fois mes
« yeux l'ont salué, lorsque je sortois ou que
« je rentrois dans ma chambre.

« J'ai prié ton père, dans un billet, d'a-
« voir soin de mon corps. Il y a au fond du
« cimetière, dans le coin du côté des champs,

« y aun veo algunas estrellas en el eterno
« cielo, brillar aisladas al través de las tem-
« pestuosas nubes que huyen por encima de
« mi. No, no os caereis, el Eterno os lleva,
« como á mi, en su seno. He visto las es-
« trellas que forman el timon del carro, la
« mas bella de todas las constelaciones.
« Quando me separé de ti por la noche,
« quando salí por la puerta, estaba alli en-
« frente. Con que gozo la he contemplado!
« Quantas veces no he levantado yo mis
« manos acia esta constelacion, y he hecho
« la señal, el monumento sagrado de mi
« felicidad actual! y aun.... O Carlota!
« que cosa hay que no me haga acordar de
« ti? No estoy rodeado de ti? y del mismo
« modo que un niño, no te he robado mil
« bagatelas inutiles de toda especie, que tus
« sagradas manos han tocado?

« Retrato querido! Carlota te hago de el
« un legado, y te pido que lo honres. He
« estampado en el, mil y mil besos : mil
« veces lo han saludado mis ojos quando sa-
« lia ó entraba en mi quarto.

« En un billete que escribo á tu padre le
« pido que cuide de mi cuerpo. En lo mas
« retirado del cimenterio en el rincon del

« deux tilleuls ; c'est là que je souhaite de
« reposer. Il fera cela pour son ami, il le
« peut. Prie-le aussi. Je ne veux point exi-
« ger des bons chrétiens qu'ils déposent leurs
« corps à côté d'un pauvre malheureux. Hé-
« las! je voudrois que vous m'enterrassiez
« sur le chemin, ou dans la vallée solitaire ;
« que le prêtre, le lévite, passassent et se
« signassent en voyant la pierre qui indique-
« roit l'endroit de ma sépulture, et que le
« samaritain y répandît quelques larmes.

« O Lolotte! je prends d'une main ferme
« et assurée ce calice froid et effrayant, où
« je dois boire le vertige de la mort. Tu me
« le présentes, et je le reçois sans trembler.
« Tous mes vœux, toutes les espérances de
« ma vie, sont remplis ! Frapper avec ce
« sang froid, cet engourdissement, à la porte
« d'airain du trépas! Que n'ai-je pu partici-
« per, Lolotte, au plaisir de mourir pour
« toi! Je mourrois de grand cœur, je mour-
« rois joyeux, si je pouvois te rendre le re-
« pos, le bonheur de ta vie. Mais, hélas! il
« n'a été donné qu'à quelques héros de verser
« leur sang pour les leurs, et de donner, par
« leur mort, à leurs amis, une vie nouvelle
« et centuplée.

« lado del campo, hay dos tilos : alli deseo
« que repose mi cuerpo. Creo que hará esto
« por su amigo pues que puede hacerlo. Pi-
« deselo tu tambien. Yo no quiero exîgir de
« los buenos cristianos que se entierren á el
« lado de un pobre infeliz. Ah! yo querria
« que me entarreseis en el camino, ó en el
« solitario valle ; que el sacerdote y el levita
« pasasen, y se persignasen viendo las piedras
« que indicarian el parage donde yo estaba
« enterrado, y que el samaritano derramase
« algunas lagrimas.

« O Carlota! con mano firme y segura
« tomo el frio y espantoso caliz en que debo
« beber el vértigo de la muerte. Tu me lo
« presentas, y yo lo recibo sin temor. Se han
« llenado todos mis deseos, todas mis espe-
« ranzas. Llamar con esta sangre fria, con
« este adormecimiento á la puerta de bronze
« de la muerte? Porque no he podido lo-
« grar, ó Carlota, el morir por ti : moriria
« con el mayor animo, moriria contento, si
« pudiera darte el reposo, y la felicidad de
« tu vida. Pero ah! no ha sido dado sino á
« algunos heroes el derramar su sangre por
« los suyos, y el dar á sus amigos con su
« muerte una vida nueva y multiplicada.

« Je veux, Lolotte, être enterré dans ces
« mêmes habits. Tu les a touchés, sanctifiés.
« Je l'ai aussi demandé à ton père. Mon ame
« plane sur le cercueil. On ne doit point
« chercher dans mes poches ce nœud de ru-
« bans couleur de rose, que tu avois la pre-
« mière fois que je te vis au milieu de tes
« enfants. Oh! baise-les mille fois, et conte-
« leur la destinée de leur malheureux ami.
« Les chers enfants, ils s'empressoient au-
« tour de moi! Ah! comme je m'étois atta-
« ché à toi! Depuis le premier moment, il
« me fut impossible de te quitter. Ce nœud
« de rubans, je veux qu'il soit enterré avec
« moi. Tu m'en fis présent le jour de ma nais-
« sance! Comme j'engloutissois tout cela!...
« Hélas! je ne pensois guère que cette route
« me conduiroit où je suis... Sois tranquille,
« je t'en conjure, sois tranquille....

« Ils sont chargés.... minuit sonne!...
« Ainsi soit-il, donc.... Lolotte! Lolotte!
« adieu! adieu! »

Un voisin vit la lumière de la poudre,
et entendit l'explosion; mais, tout étant de-
meuré tranquille, il ne s'en mit pas plus en
peine.

Le lendemain, sur les six heures, le domestique entre dans la chambre avec de la

« Carlota, quiero que se me entierre con
« este mismo vestido. Tu le has tocado y
« santificado. Tambien pido este favor á tu
« padre. Mi alma vuela sobre el ataud. No
« quiero que nadie registre mis bolsillos.
« Ese lazo de cinta color de rosa, que tu te-
« nias la primera vez que te vi en medio de
« tus niños..... Oh! besalo mil veces, y
« cuentalos la suerte de su infeliz amigo.
« Queridos niños! Se apresuran á mi rede-
« dor! Ah! como yo me habia unido á ti!
« Desde el primer instante me fue imposible
« el separarme de ti! Quiero que ese lazo
« de cintas se entierre conmigo. Me lo re-
« galaste el dia de mi cumpleaños. Como
« yo guardaba todo esto!.... Ah! yo no
« creia que este camino me guiaria, á donde
« ahora me hallo... No te inquietes, yo te lo
« pido, no te inquietes....

« Estan cargadas.... Las doze suenan...
« Asi sea... Carlota, Carlota... Adios...
« Adios.... »

Un vecino vio el fuego de la polvora, y
oyó el tiro: pero como despues no oyó ningun otro ruido, se quedó sosegado.

A las seis de la mañana el criado entró en
el quarto con luz : halló á su amo caido en

lumière : il trouve son maître étendu par terre, le pistolet, le sang : il l'appelle, le prend ; point de réponse ; seulement, il râloit encore. Il court chez le médecin, chez Albert. Lolotte entend tirer la sonnette : un tremblement s'empare de tous ses membres : elle éveille son mari, ils se lèvent : le domestique désolé leur apprend la nouvelle en bégayant : Lolotte tombe évanouie aux pieds d'Albert.

Lorsque le médecin arriva, il trouva le malheureux à terre dans un état désespéré ; le pouls battoit ; tous les membres étoient perclus : il s'étoit tiré au-dessus de l'œil droit ; la cervelle avoit sauté. On le saigna du bras, le sang vint ; il respiroit encore.

Au sang, à l'accotoir de sa chaise, on pouvoit juger qu'il avoit fait le coup assis devant sa table à écrire. De là il avoit glissé à terre, s'étoit roulé autour de sa chaise par un mouvement convulsif ; et, lorsque ses forces avoient été épuisées, il étoit resté auprès de la fenêtre, étendu sur le dos. Il étoit tout habillé et tout botté, en frac bleu et en veste jaune.

el suelo, cubierto de sangre, y la pistola á un lado. Le llama, no responde: le toma en sus brazos, y observa que aun palpitaba. Va corriendo á casa del medico, y á la de Alberto. Carlota oye sonar la campanilla: un temblor frio sobrecoge sus miembros: dispierta á su marido, se levantan: el criado le cuenta el suceso titubeando y todo desconsolado: Carlota cae desmayada á los pies de Alberto.

De que llegó el medico, halló á Werther aun en el suelo y en un estado que no daba esperanza alguna: los pulsos batian: todos sus miembros estaban en la mas violenta contraccion. Se habia tirado sobre el ojo derecho: habian saltado los sesos. Le sangraron del brazo: corrió la sangre; aun respiraba.

Segun el rastro de sangre que habia sobre la silla se podia inferir que se habia tirado el golpe estando sentado delante de su mesa de escribir: desde alli se habia escurrido hasta el suelo, y rodado al rededor de su silla agitado por movimientos convulsivos; y de que se habian agotado sus fuerzas, habia quedado al lado de la ventana. Estaba vestido de su frac azul, de su chupa amarilla, y tenia puestas las botas.

La maison, le voisinage, la ville, accourut en tumulte, Albert entra. On avoit mis Werther sur le lit; il avoit le front bandé; la mort étoit déjà peinte sur son visage; il ne remuoit aucun de ses membres; ses poumons râloient encore d'une manière effrayante, tantôt doucement, tantôt plus fort; on n'attendoit que sa fin.

Il n'avoit bu qu'un verre de son vin. Émilie Galotti [1] étoit ouvert sur le bureau.

Souffrez que je passe sous silence le trouble d'Albert et la désolation de Lolotte.

Ce vieux bailli n'eut pas plus tôt appris la nouvelle, qu'il vint à toute bride, et baisa le mourant en pleurant à chaudes larmes. Les plus âgés de ses fils vinrent bientôt après lui à pied. Ils tombèrent auprès du lit dans l'expression de la plus vive douleur; ils lui baisoient les mains et la bouche; et le grand, qui avoit toujours eu la première place dans son amitié, resta collé sur ses lèvres jusqu'à ce qu'il fût expiré, et il fallut employer la

---

[1] Tragédie allemande de Lessing, fort estimée.

Todas las gentes de la casa, del vecindario, gran parte del pueblo acudió apresuradamente. Alberto entró. Habian puesto á Werther sobre la cama: tenia la frente bendada: la imagen de la muerte estaba pintada en su rostro: no movia ningun miembro: sus pulmones palpitaban aun de un modo espantoso, unas veces despacio, otras con mas fuerzas: de un instante á otro se aguardaba que expirase.

Solo habia bebido un vaso de vino. La pieza dramatica de Emilia Galotti [1] estaba abierta sobre la mesa.

Permitidme que pase en silencio la turbacion de Alberto, y el desconsuelo de Carlota.

Apenas el Bally supó el suceso quando vinó corriendo, y besó al moribundo, derramando copiosas lagrimas. Sus hijos mayores vinieron poco despues. Se arrojaron junto al lecho, expresando el mas vivo dolor: le besaban las manos y la boca: y el mayor, que habia sido siempre su mayor amigo, se quedó como pegado á sus labios hasta que expiró, y fue necesario emplear la mayor violencia para arrancarle de alli. Murió á el

---

[1] Tragedia alemana de Lessing, muy estimada.

violence pour l'en arracher. Il mourut à midi. La présence et les ordres du bailli prévinrent le tumulte. Le soir, sur les onze heures, il le fit enterrer dans l'endroit qu'il s'étoit choisi. Le vieillard, accompagné de ses fils, suivit le convoi : Albert n'en eut pas la force. On craignit pour la vie de Lolotte. Il fut porté par des ouvriers. Aucun ecclésiastique ne le suivit.

FIN.

medio dia. La presencia y las ordenes del Bally impidieron todo alboroto. A las onze de aquella misma noche le mandó enterrar en el mismo parage que el habia mandado. El buen anciano siguió la pompa funebre acompañado de sus hijos. Alberto no tubó animo para tanto. Se temia que Carlota expirase de dolor. Quatro trabajadores llevaron su atahud. Ningun eclesiastico le acompañó.

FIN.

www.ingramcontent.com/pod-product-compliance
Lightning Source LLC
Chambersburg PA
CBHW060129170426
43198CB00010B/1096